Mama Délire, sorcière d'Afrique

Conforme à la loi n° 49956 du 16 juillet 1949 sur les publications destinées à la jeunesse
ISBN : 2.09275070-4

Clair Arthur

Mama Délire, sorcière d'Afrique

Illustrations de Jean-François Martin

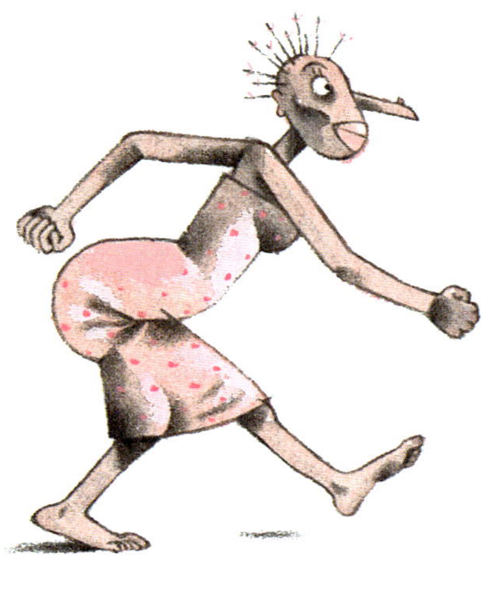

NATHAN

un

Poilou poila

DANS un lointain pays d'Afrique vivait une sorcière du nom de Zouzou Boubourose. Mais là-bas, au cœur de la savane, tout le monde l'appelait Mama Délire, car avec elle, on piquait de sacrés fous rires.

– Fais une risette et la vie sera bonne comme une tartine de sucettes ! disait-elle à ceux qui avaient le moral dans les chaussettes.

Ce matin-là, comme tous les matins dans le village, une foule nombreuse se pressait autour du vieil arbre sur lequel Zouzou Boubourose avait coutume de grimper pour donner ses conseils.

Une jeune femme demanda :

– Hé, Mama Délire ! Je me trouve moche, vraiment trop moche pour aller au bal ce soir. Fais quelque chose pour moi.

Immédiatement, la sorcière lança son abracadabrantesque (pas facile, hein ?) formule :

Poilou poila,
une chouette nana tu seras,
Si du gobe-bonbons
au bidon range-purée,
Tu te marres toute la journée.

Aussitôt, une autre voix demanda :

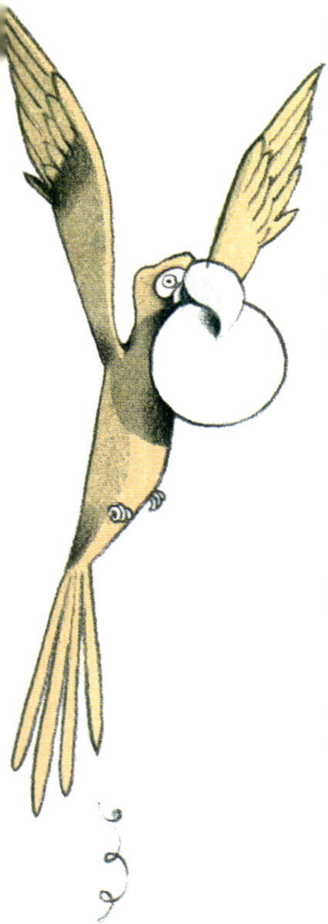

– Hé, Mama Délire ! Ma vache est maigre. Elle ne donne plus de lait.

– Fais-lui un bon couscous, elle grossira d'une seule secousse !

À chacune des réponses de Zouzou le public riait aux éclats. Quand soudain, Cricri-Rago, le perroquet jaune de la poste, se posa sur l'épaule de la sorcière. Il tenait en son bec un message rond comme un fromage.

– Grrrande nouvelle pour mademoiselle Boubourrrose qui voit la vie en rrrose !

– Ferme ta boîte à musique, trois plumes sans cervelle ! s'exclama Mama Délire en mettant ses lunettes.

Puis, elle lut à haute voix :

Urgent : Je t'invite à mon mariage. Je suis folle amoureuse. Viens vite à Paris.

Ta complice de toujours,

Germaine Chaudeveine

Zouzou Boubourose relut le papier. Pour une nouvelle, c'était une nouvelle. Germaine, cette vieille chipie, avait donc trouvé un mari. Qui l'eût cru, nom d'un chapeau vermoulu ?

Mama Délire s'adressa à la foule :

– Mes amis, mes consultations sont finies pour aujourd'hui, je pars à l'instant pour la France. Je vais faire la noce.

Dans un sac, elle jeta quelques affaires, dont son boubou de cérémonie. Elle enfourcha son balai de paille de coco et s'envola, chaud devant, pin-pon, par-dessus la savane.

Cricri-Rago, le perroquet jaune de la poste, n'eut que le temps de plonger la tête la première dans le sac de la sorcière. Lui qui, depuis si longtemps, rêvait d'aller voir les petites perroquètes de Paris !

deux

Les charmes de la vie parisienne

LE VOYAGE de Mama Délire dura de longues heures. Pensez donc, tout ce chemin à faire à dos de balai… ce n'était pas humain. Lorsque enfin, morte de fatigue, elle se posa au pied de la tour Eiffel, elle avait les reins en compote de noyaux d'olives.

– J'ai mal partout. Ce balai est un vrai cauchemar, soupira-t-elle.

– On est déjà arrrrivés ? s'interrogea le

perroquet qui risqua un œil ensommeillé en dehors du sac. J'ai dormi comme une brrrute. C'est ça, la Frrrance ?

La sorcière s'allongea sur un banc, la tête lui tournait. Elle regardait au-dessus d'elle la pointe de la tour Eiffel qui touchait le ciel, quand, soudain, une voix autoritaire lui demanda :

– Vous, là, vos papiers, s'il vous plaît !

Mama Délire se redressa. Deux policiers se tenaient devant elle. La sorcière s'esclaffa :

– Quels papiers ?

– Pièce d'identité, répondit le plus petit qui était pète-sec et chef. Carte de séjour, carte de Sécurité sociale, carte d'électeur, carnet de vaccination, numéro de carte bleue, ticket de caisse de votre mocheté de chapeau, titre de propriété du pingouin jaune…

– Et puis quoi encore ? répondit Zouzou Boubourose. Vous voulez aussi la date de fraîcheur de mes chaussettes ?

– Pingouin toi-même ! protesta Cricri-Rago.

– Chef, elle se fout de votre poire. Elle n'a pas plus de papier que de peigne à la maison. C'est une sans-papier, j'en suis sûr, déclara l'agent qui était mou et sous-chef. Faut l'embarquer !

– Poilou poila, chuchota Cricri-Rago à l'oreille de la sorcière.

– Oui, tu as raison, dit Mama Délire à l'oiseau.

Poilou poila,
que ces deux énergumènes,
Du gobe-bonbons
au bidon range-purée,
Rient comme deux vieilles mouettes !

Tout de suite, les policiers furent pris d'une énorme crise de fou rire. Ils se tordaient, se pliaient, se gondolaient.

– Si ça continue, chef, on va pissouter dans la culotte.

Et ils se bidonnaient de plus belle.

– J'en pleure, Gustave, vous permettez que je vous appelle Gustave, chef ? C'est pas si souvent qu'on se marre dans le métier, pas vrai ?

– Ça non, Marcel, jamais rencontré une citoyenne aussi drôle ! hoqueta le chef.

De mémoire de parcmètre, on n'avait jamais vu deux policiers se comporter de cette façon sur la voie publique.

– Ma parole, ils sont saouls, dit un maimaître qui promenait son chienchien ! Si ce n'est pas malheureux de voir ça…

Mais par contre, dès que les policiers eurent achevé leur crise de fou rire, les choses se compliquèrent pour Mama Délire.

– Allez, zou, la comique, au poste ! ordonna le chef.

Aussitôt dit, aussitôt fait, Mama Délire et son perroquet se retrouvèrent enfermés dans un fourgon de police. Cricri-Rago perroquéta :

– Ça pue le vinaigre à grimaces, là-dedans !

– Laisse faire, facteur, ces messieurs ont la gentillesse de nous faire visiter la capitale, répondit la sorcière qui, derrière les vitres grillagées, regardait défiler les immeubles.

Le plus drôle était que le balai de la sorcière, qui avait été oublié près du banc, suivait à distance le fourgon cellulaire. Il voletait à quelques mètres du sol.

– Chef, y a un balai qui nous suit, constata mollement le sous-chef.

– Oui, c’est ça, et moi je suis la princesse Starla. Maintenant, sous-chef, nous avons assez rigolé, déclara le chef qui n’était plus d’humeur à plaisanter.

trois

Une heure en prison

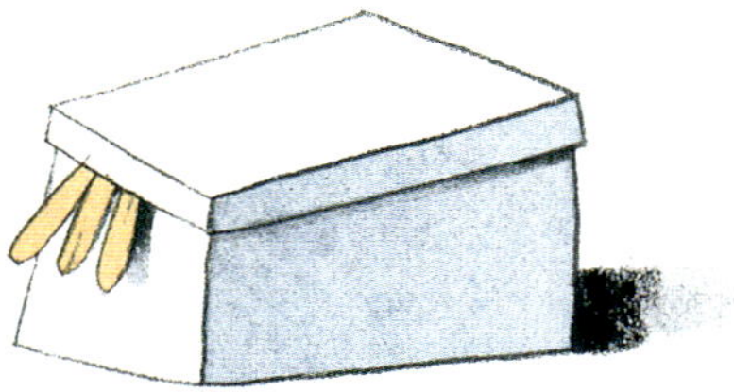

LES POLICIERS poussèrent la sorcière dans une cellule où se trouvaient d'autres prisonniers. Comme elle, ils avaient été ramassés dans la rue parce qu'ils n'avaient pas de papiers d'identité. Cricri-Rago, enfermé dans une boîte en carton, fut rangé au fond d'un placard.

– Je me plaindrai à la Société Protectrice des Perroquets, à la Confrérie des Sympas de la Plume, à la…

– Écrase, pue-du-bec, lui aurait-on répondu.

– Salut, la compagnie. Ça gazouille ? lança Mama Délire, en même temps que claquaient dans son dos les verrous de la porte.

Elle observa un à un les prisonniers qui étaient assis sur des bancs en bois. Ils avaient tous le visage triste et regardaient fixement devant eux.

– Eh ben mes amis, vous en faites une bobine ! Bon, la chambre d'hôtel manque un peu de décoration, dit la sorcière en regardant la prison. Mais ce n'est pas si grave. Tiens, est-ce que vous connaissez le jeu des questions bêtes ?

Les occupants de la cellule firent non de la tête.

– Qu'est-ce qui est poilu et qui pousse sous le nez ?

– Une moustache ! s'empressa de répondre le chef Gustave, de l'autre côté des barreaux.

– Vous n'avez pas le droit de jouer, vous ! se fâcha un des prisonniers.

– Qu'est-ce qui fait 999 fois tic et 1 fois toc ?

– Un mille-pattes avec une jambe de bois ! répondirent en chœur plusieurs personnes.

Le chef Gustave fronça les sourcils, il dit :

– Celle-là, je ne l'ai pas comprise.

Plus Mama Délire posait de questions, plus les occupants de la cellule se marraient. Ce fut bientôt un vrai charivari, car les policiers n'étaient pas les derniers à se bidonner. Ils s'écroulèrent quand le chef demanda :

– Quelle est la couleur de ma casquette bleue ?

– Ouh là là, celle-la, chef, elle est bonne ! balbutièrent les agents, qui se tordaient de rire.

Un des prisonniers, qui s'appelait Bazu, demanda à son tour au plus gradé des policiers :

– Chef, pourquoi vous rasez-vous la barbe tous les matins ?

– Euh, euh… s'interrogea le chef Gustave.

– Pour avoir la peau lisse.

– La peau lisse ? Ah, oui, la police ! Hihihi…

– Oh, celle-là aussi, il faut qu'on la retienne, crachotaient de rire les policiers.

Quelle fête dans le commissariat ! L'ambiance était telle que même les barreaux de la cellule, chose incroyable, se tordaient de rire. Tant et si bien qu'ils s'écartèrent pour créer un pas-

sage. Il y avait là, il faut bien l'avouer, un peu de magie africaine.

– Suivez-moi. Je vous invite à la noce de ma copine Germaine Chaudeveine, dit Mama Délire à ses compères sans-papiers, pendant que les policiers continuaient de se marrer comme des bossus.

– Allez, au revoir et merci d'être venus, fit le chef en les saluant de la main, avant de poser une dernière question bête : Mais pourquoi partez-vous ?

Zouzou lui répondit par une autre devinette :

– Comment appelle-t-on une chauve-souris qui porte une perruque ?

Puis elle fit monter tout le monde sur son balai, qui attendait sagement appuyé contre la façade de l'hôtel de police.

– Chez Germaine ! cria-t-elle à son ustensile de voyage.

Aussitôt, ils s'élevèrent dans le ciel.

– Dis, tu ne serais pas Mama Délire, toi ? demanda le nommé Bazu.

– Si, dans le mille, mon garçon !

– Moi, je suis Bazu, le neveu de Fidel qui est le cousin de Zabou, l'oncle de Tougna, le frère de Pristi, le cordonnier de ton village.

– Non, ce n'est pas vrai ?! Comme le monde est petit ! s'exclama Mama Délire.

DU

quatre

Un mariage bien mal engagé

APRÈS avoir effectué, à la va comme je te pousse, une grande boucle au-dessus des toits de Paris, le curieux équipage atterrit dans la cour d'un hôtel particulier situé dans un des beaux quartiers de la capitale ; là où habitaient les grands couturiers, les parfumeurs, les artistes.

– Mazette ! fit Mama Délire à la vue de la superbe demeure. Les affaires vont bien pour Germaine. Ça marche la sorcellerie à Paris.

Il y avait beaucoup d'agitation dans la cour. Des coursiers chargés de bouquets de fleurs allaient et venaient. Une foule d'invités aux toilettes éblouissantes échangeaient des politesses devant la porte d'entrée. Quelques photographes se bousculaient.

Le petit groupe des sans-papiers regardait cette cohue avec des yeux ronds.

– Notre place n'est pas ici, déclara Bazu, très intimidé devant tout ce beau monde.

– Taratata, bien sûr que si ! lança Mama Délire, avant de partir à la recherche de son amie Germaine.

La sorcière entra dans les grands salons de l'hôtel particulier où se pressait encore plus de monde que dehors. De nombreuses sorcières, invitées elles aussi pour l'occasion, papotaient devant le buffet. Elles sautèrent au cou de Zouzou. Elles lui tirèrent les poils de la verrue en signe d'affection. Et puis, après s'être échangé en quelques secondes des heures de potin, elles trinquèrent à la santé des amoureux.

Quand tout à coup, Germaine Chaudeveine accompagnée de son inséparable corbeau se présenta à l'assemblée. Elle était vêtue d'une robe blanche en fils de mygale. Sa coiffure ressemblait à un pot de fleurs.

– Zouzou !

– Germaine !

Les deux copines tombèrent dans les bras l'une de l'autre.

– Tu es venue !

– Oui, je suis là ! J'ai pris le premier balai.

– Si tu savais comme je suis…

Mais Germaine Chaudeveine se mit à pleurer comme une madeleine, bouhouhou…

– Comme je suis, bouhouhou, malheureuse…

– Malheureuse ? Avec toutes ces richesses ? Et le jour de ton mariage ? s'étrangla Mama Délire.

– Tout ceci appartient à mon futur mari, Henry Delamarque[1], le prince du bonbon, le roi de la guimauve. Il a fait fortune dans le nougat, avant de lancer sur le marché son fameux petit balai de sorcière en réglisse et ses crapauds en pâte de fruit. Mais je devrais parler de tout ça au passé, car Henry et moi, bouhouhou, nous nous sommes fâchés. Il m'a quittée, bouhouhou, juste avant qu'on se marie.

---

* Voir *Parfum de sorcière.*

– Oui, l'ingrat s'est fait la malle. Le mariage lui a fait peur. Remarquez, moi, il ferait chaud que je convole, renchérit le corbeau, que jamais personne n'appelait chéri.

– On ne t'a pas sonné, toi, espèce de pignouf déplumé ! lui siffla Zouzou qui ne comprenait pas pourquoi son amie s'encombrait la vie d'un pareil estomac à pattes !

– Et tout ce monde qui est là… La presse, les télés, Canal Sorcière… sanglota encore Germaine Chaudeveine. Nom d'un pet de saucisse, c'est bien la dernière fois que je tombe amoureuse..

– J'y pense, songea soudainement Mama Délire. J'ai oublié Cricri-Rago au commissariat !

cinq

Zouzou enlève Henry

HENRY Delamarque avait débranché son téléphone portable. Seul au monde, il était tristement assis sur un banc public, en plein cœur de Paris. Il avait sur les genoux un énorme paquet de crapauds en pâte de fruits. Il s'empiffrait. C'était le troisième sachet qu'il dévorait, en essayant d'oublier sa mauvaise humeur. Il avalait tout rond les batraciens à la fraise ou au Coca.

Jamais Germaine Chaudeveine ne le reverrait, ça non ! Comment avait-elle pu lui dire une telle énormité, un tel jour ?

– Mes bonbons sentent le chimique, c'est bien la meilleure ! se lamentait, la bouche pleine, Henry Delamarque. Son corbeau prend du poids. À cause de mes sucreries, paraît-il. Par ma faute, soi-disant il ressemble à une autruche, pestait encore l'industriel de la friandise.

Quand soudain siffla à ses oreilles un drôle de courant d'air. Sans qu'il ait le temps de dire ouf, Mama Délire, à cheval sur son balai, l'emporta dans les airs.

– Haaa, au secours ! Qui êtes-vous ? Laissez-moi… gémit le pauvre Henry, cramponné à l'ustensile de voyage.

– Poilou poila, je suis la sœur jumelle de Germaine, votre fiancée.

– Voilà autre chose, je ne savais pas qu'elle avait une sœur africaine.

Henry Delamarque se demandait bien où cette folle l'emportait, lorsqu'il reconnut le toit de son hôtel particulier. Il grommela :

– Je n'ai rien à dire à Germaine. Je ne lui parlerai pas. C'est fini entre nous !

Le balai et ses deux passagers firent une entrée très remarquée dans le salon. À peine arrivé, Henry Delamarque tourna le dos à Germaine Chaudeveine qui fit de même. L'un et l'autre refusaient de se regarder.

Toutes les sorcières se réunirent autour de Mama Délire. En quelques secondes, elles passèrent en revue des siècles d'histoires amoureuses de sorcières. Jamais aucune sorcière n'avait été abandonnée par son futur mari. D'abord,

il était rare qu'une sorcière se mariât.

Les invités discutaient à voix basse. Personne n'osait faire de remarques.

Seuls les amis sans-papiers de Zouzou parlaient fort. Ils avaient trouvé très bon le sirop d'orties. Ils achevaient de manger les derniers toasts nappés d'œufs de mouches, une spécialité de Germaine.

Bazu s'approcha d'Henry Delamarque qui n'avait pas lâché son paquet de crapauds en pâte de fruits.

– Je peux en prendre un ? lui demanda-t-il.

Sans lui adresser un regard, le prince du bonbon lui donna le sachet.

– Hmm, fit de façon gourmande le garçon en mastiquant un crapaud. Quel délice ! Goûtez ça, mes amis, continua Bazu en faisant la distribution à ses camarades.

Le visage d'Henry Delamarque se détendit.

Mama Délire s'approcha. D'une voix malicieuse, elle susurra :

– Un bonbon Delamarque, ça se remarque !

Alors là, le sultan du réglisse retrouva presque toute sa bonne humeur. Il s'écria :

– Quel beau compliment vous me faites ! Un vrai slogan pour ma publicité : Un bonbon Delamarque, ça se remarque.

Germaine Chaudeveine se retourna. Ses yeux croisèrent ceux immensément bleus d'Henry. Son sang ne fit qu'un tour. Elle sauta au cou de son fiancé.

– Riry, je ne pensais pas ce que je t'ai dit sur tes crapauds.

– Mémaine, tu me manquais tant !

Germaine Chaudeveine chuchota à son amie :

– Vite ! Marie-nous, Zouzou, avant que je ne change d'avis.

Mama Délire enfila son boubou de cérémonie. Puis elle invita l'assistance à se réunir dans la cour, au pied du vieux platane qui poussait au centre.

Zouzou Boubourose grimpa dans l'arbre. Assise sur la plus belle branche, elle s'adressa aux amoureux :

– Germaine Suzette Henriette Chaudeveine, acceptes-tu de chouchouter toute ta vie Henry Rachid Ahmed Delamarque ? Henry Rachid Ahmed Delamarque, acceptes-tu de dorloter toute ta vie Germaine Suzette Henriette Chaudeveine ?

– Oh, oui, oui, oui, répondirent en chœur les deux tourtereaux.

Un tonnerre d'applaudissements

salua la nouvelle. Les flashes des photographes crépitaient. Les caméras tournaient. Germaine et Henry s'échangèrent un baiser sucré.

– Vive les mariés ! criait Bazu, lorsqu'un fourgon de police fit irruption dans la cour sur les chapeaux de roues.

– Mes amis, je crois que la récréation est terminée, ajouta Bazu à ses copains sans-papiers.

Le chef descendit en premier du car. Il se dirigea vers Mama Délire.

De l'assemblée monta une rumeur de protestations. Le policier demanda :

– Alors, chère madame, toujours pas le moindre papier à présenter ?

– Si ! répondit Mama Délire. Un papier de bonbon !

– Hahaha ! fit le chef qui, cette fois, se forçait à rire. S'il vous plaît, comment appelle-t-on une chauve-souris

qui porte une perruque ? Impossible de trouver la réponse !

– Une souris.

Mama Délire tendit au chef une coupe de champobeurk. Et en lui faisant des yeux de miel, elle lui glissa à l'oreille : *Poilou poila, et cetera...* Le cœur du chef se mit à battre très fort.

– Mademoiselle Zouzou, ne me regardez pas comme ça, vous me faites fondre.

– Je me demande si le chef n'en pince pas pour Mama Délire, dit tout bas le sous-chef qui portait un carton qui ronflait comme une brrrute.

Un air d'accordéon se fit entendre. C'était le corbeau de Germaine qui jouait une polka.

Le chef Gustave sortit de sa poche une poignée de cartes d'identité qu'il lança en l'air.

– Choisissez, mes amis, c'est mon cadeau de mariage, dit-il en invitant Zouzou à danser. Avec vous tous, on rigole de trop.

Mama Délire fit un clin d'œil à Germaine Chaudeveine, qui rosissait de plaisir au bras de son tendre Henry. Les deux sorcières seraient toujours les meilleures amies du monde.

Table des matières

Clair Arthur

L'été, Clair Arthur écrit dans la forêt, l'hiver, dans les cafés. Il dessine aussi des images pour l'Imagerie d'Épinal. Il passe le reste de son temps avec sa famille et ses amis. Ensemble, ils font du théâtre sur les places des villages.

Jean-François Martin

Il est né en 1967. Il a étudié le dessin aux Arts Appliqués de Paris et a illustré de nombreux ouvrages Jeunesse pour Nathan, Flammarion, Albin Michel, Hatier et Bayard.

Retrouve Germaine Chaudeveine

dans *Parfum de sorciere* et *Miss Monde des Sorcieres*.

Dans la même collection

Michel Amelin

Le fils du pirate

Le masque d'or et de sang

Clair Arthur

Parfum de sorcière

Miss Monde des sorcières

Cendre, la jument rebelle

Mama Délire, sorcière d'Afrique

Marie Bataille

Mademoiselle Princesse Culotte

Hubert Ben Kemoun

Un monstre dans la peau

Le soir du grand match

Méfiez-vous de l'an 2000 !

La citrouille olympique

Robert Boudet

L'extraordinaire aventure de M. Potiron

Évelyne Brisou-Pellen

Le jongleur le plus maladroit

Le philtre d'amour

Qu'est-ce que tu as, la mouche ?

Nadine Brun-Cosme

La fenêtre de neige

L'indien d'à côté

Yves-Marie Clément

Roy et le koubilichi

Jean-Loup Craipeau

Le kangourou d'Ooz

Ma victoire sur Cauchemar

Claire Derouin

Leslie Craspouette

Elsa Devernois

Un amour de maîtresse

La boutique des rêves

Mon papa, c'est moi !

Dans la même collection

Philippe Dorin

Les trésors du petit matin

Pascal Garnier

Dico dingo

Zoé zappe

Mauvais reflet

Christian Grenier

Le château des enfants gris

Parfaite petite poupée

Thierry Lenain

L'amour hérisson

Trouillard !

Loin des yeux, près du cœur

Un jour, j'arrêterai la guerre

La maison des marais

Jean-Marc Ligny

Le clochard Céleste

Gérard Moncomble

Prisonnière du tableau !

Yves Pinguilly

Hubert le loup

Michel Piquemal

L'appel du Miaou-Miaou

Benjamin et son papa géant

La mer a disparu

Yak Rivais

Le génie de la valise

Éric Sanvoisin

Le buveur d'encre

Une paille pour deux

Le nain et la petite crevette

Les guerriers verts

Natalie Zimmermann

Un ange passe

Yeux de vipère

N° de projet : 10081526 - (II) - 11,5 CSBTS 170° - novembre 2000
Imprimé par pollina s.a., 85400 Luçon - n° L81806

Ulrike Raiser

Cocina para
CELÍACOS

Recetario práctico

Alta gastronomía sin gluten

Rústika

SUMARIO

Dirección editorial
Ana Delgado
Textos
Ulrike Raiser
Traducción
Alberto Jiménez Rioja
Fotografías
Marco Bagnasco
Maquetación
Cristina Benedetti, Miguel Ángel San Andrés
Ilustraciones
Laura Toffaletti, Giulia Pianigiani, Mario Stoppele

Introducción

La celiaquía, o enfermedad celíaca, es una de las intolerancias alimentarias más difundidas, con un aumento más que considerable durante los últimos años. Los celíacos deben eliminar por completo el gluten de su dieta para evitar problemas de salud, que pueden adquirir proporciones graves porque esta proteína, presente en muchos cereales, es nociva para su organismo. La exclusión del gluten de la dieta se entiende normalmente como un factor negativo, ya que provoca limitaciones culinarias, sobre todo en países que, como España, consumen muchos productos que contienen la sustancia responsable (pastas, pan, bollería...). Al mismo tiempo, sin embargo, nada impide que la consideremos un estímulo para realizar nuevos platos, recuperando ingredientes poco usados hoy y utilizando más la creatividad y la imaginación. Paralelamente, para las industrias productoras de alimentos, la existencia de la enfermedad celíaca debe ser un estímulo que las impulse a buscar nuevos productos desprovistos de gluten para el mercado.

El propósito de este libro es subrayar la importancia de una mayor atención hacia esta intolerancia, explicando sus causas y efectos, las limitaciones e impedimentos que provoca, pero también los recursos de que disponemos para combatirla. En la segunda parte se presentan, además, recetas a base de ingredientes sin gluten –presentes en nuestra tradición culinaria desde hace cientos de años–, a fin de procurar una dieta variada, sana y equilibrada para los celíacos.

La cocina es un arte, y debe serlo también para quienes sufren este problema: los celíacos no pueden estar condenados a comer siempre lo mismo, sino que deben tener la posibilidad de elegir entre muchos platos sabrosos, nutritivos y bien presentados.

Las intolerancias alimentarias

En el habla común, las intolerancias alimentarias se confunden a menudo con las alergias, y se tiende a considerarlos prácticamente términos idénticos. Las intolerancias alimentarias, mucho más difundidas que las alergias, están comprendidas en un conjunto más vasto de problemas médicos denominados «reacciones adversas a los alimentos».

Desde tiempos remotos, los seres humanos han sabido que ciertos alimentos provocan efectos perjudiciales cuando determinados individuos los ingieren: Hipócrates, por ejemplo, observó que algunas personas sufrían diversos grados de malestar tras ingerir leche de vaca. Hemos de decir que, a pesar de ello, la medicina actual no es capaz de explicar con claridad la causa de estas reacciones adversas a ciertos alimentos, aunque la metodología diagnóstica y las pruebas utilizadas en la mayor parte de los casos dan resultados rotundos en la mayoría de los casos. Hay diferentes teorías con respecto a la extensión de los trastornos alimentarios, así como a su impacto social, dado que la sociedad valora la incidencia de estas afecciones sobre sus semejantes.

Las intolerancias alimentarias son de diversos tipos: las enzimáticas, por ejemplo, consisten en la incapacidad de metabolizar alguna de las sustancias que entran en el organismo; forman parte de esta categoría la intolerancia a la lactosa (una sustancia contenida en la leche) y la intolerancia al gluten.

En otros casos, el organismo puede desencadenar una reacción nociva a causa de algún aditivo añadido a los alimentos; aunque no está todavía claro si tal fenómeno ha de considerarse un caso de intolerancia alimentaria o de alergia.

Un poco de historia

Los primeros testimonios de alimentos que producen efectos perjudiciales en determinados individuos se remontan a la antigüedad, cuando los primeros estudios médicos advirtieron de los desequilibrios que la ingesta de ciertos alimentos creaba en algunos individuos. De la observación genérica de estos problemas se pasó, poco a poco, al estudio sistemático de los alimentos «involucrados» y de las reacciones adversas que provocaban.

Entre los siglos I y II d. C. el médico Areteo de Capadocia describió en profundidad los síntomas de un trastorno intestinal que se presentaba difícil y muy largo de tratar, al que llamó *koiliakos* (es decir, «que atañe al intestino»). El término, de origen griego, lo tradujo al inglés en tiempos mucho más recientes (1856) Francis Adams, que acuñó la expresión «celíaco».

En 1888, Samuel Gee publicó un estudio sobre la *coeliac affection* («afección celíaca)» en el que describía muy detalladamente los síntomas de este trastorno y sus consiguientes reacciones tanto en adultos como en niños; respecto a estos últimos, el autor llegó a la conclusión de que el único tratamiento posible consistía en eliminar por completo de la dieta algunos alimentos derivados de la harina.

A pesar de estos notables descubrimientos, hubo que esperar hasta mediados del siglo XX para conocer las causas de la enfermedad celíaca, que, como ya hemos dicho, se debe a la ingestión de proteínas de trigo que dañan la mucosa intestinal. Algunos científicos, para explicar el origen de la enfermedad celíaca, sostienen la hipótesis de que apareció en los seres humanos cuando estos modificaron su dieta original (basada en los vegetales y la carne) por otra en la que cobró gran importancia el consumo de derivados del trigo o de la cebada. Además, con el paso del tiempo, los agricultores seleccionaron las variedades de cereales con mayor cantidad de gluten, proteína que no tiene gran valor nutricional pero que confiere elasticidad a la masa de panificación.

Los estudios sobre los motivos y la cura de la enfermedad celíaca han progresado en los últimos decenios. Sin embargo, aun con este progreso, todavía quedan preguntas por responder.

Qué es la celiaquía

El término celiaquía deriva del griego *koilia* que significa «vientre»; de ese vocablo deriva *koiliakos*, cuyo significado es «lo que concierne al tracto intestinal». Por definición, la celiaquía es una **enfermedad que provoca una reacción autoinmune** en la cual, tras la ingestión de moléculas de gluten, los anticuerpos atacan a las vellosidades intestinales, provocando daños que pueden llegar a ser muy graves.

Cuando un celíaco ingiere alimentos que contienen gluten, desarrolla una reacción inmunológica que inflama y daña su intestino delgado, lo que hace que sea incapaz de absorber determinados nutrientes; esta falta de nutrientes, a su vez, puede originar graves carencias vitamínicas que pueden derivar en cuadros patológicos graves.

El intestino delgado es un largo tubo de unos 5 m de longitud y 35 mm de diámetro. Se extiende desde el duodeno hasta el colon, y es en él donde se absorben las sustancias nutritivas que pasan al torrente sanguíneo. En las paredes del intestino delgado hay unas microvellosidades cuya función es absorber las vitaminas, los minerales y otros elementos nutritivos contenidos en los alimentos. En alguien que sufre de enfermedad celíaca, el gluten provoca una inflamación de la pared intestinal que termina por desintegrar esas vellosidades, lo que, a su vez, hace que las sustancias que debían pasar al torrente sanguíneo no lo hagan, provocando distintas patologías.

La enfermedad celíaca puede presentarse tanto en la infancia como en la vida adulta; es precisamente en los niños donde resulta más grave, porque el desarrollo infantil exige una alimentación apropiada.

Según los estudios genéticos, determinadas personas están predispuestas a sufrir esta patología, y ello depende de los genes del antígeno HLA (*Human Leucocyte Antigen*), que identifica los agentes extraños (el gluten en este caso) y provoca la activación de las defensas inmunitarias.

El gluten es una proteína compleja que llega al estómago y se fragmenta en distintas partes que pasan sucesivamente por el intestino delgado, donde sufren roturas ulteriores que las dividen en pequeñas cadenas de aminoácidos.

El HLA identifica entonces una de estas cadenas, el péptido 31-49, como agente nocivo, y el organismo activa sus defensas, convocando a los linfocitos T. Estas células liberan sustancias tóxicas que activan, a su vez, los linfocitos T destructores (*killers*). Como estos no encuentran bacterias ni virus que exterminar, atacan las vellosidades intestinales, las deforman y las aplanan, inutilizándolas para realizar su función: la absorción de nutrientes. **La enfermedad celíaca es autoinmune porque las propias defensas del organismo lo atacan, identificándolo como un agente dañino llegado del exterior.**

La enfermedad celíaca es crónica; es decir, no se cura y solo puede evitarse regulando estrictamente la dieta. Sin embargo, los síntomas no se presentan siempre con la misma intensidad; se puede estar enfermo a los tres años, aparentemente curado en la adolescencia y de nuevo enfermo en la treintena. **Los síntomas pueden variar, no solo en las distintas fases de la vida, sino también de un paciente a otro,** ya que es distinta la longitud del tracto de intestino afectado y la gravedad de esa afección.

Si bien la enfermedad celíaca no tiene cura, las lesiones de las vellosidades intestinales pueden revertirse con una dieta apropiada y una correcta educación alimentaria, porque la dieta sin gluten es el único tratamiento que permite al enfermo recuperar la salud.

La enfermedad celíaca afecta a gran parte de la población mundial. En Europa, por ejemplo, afecta a una de cada 100-150

personas, con un incremento anual del 9%. Estas cifras, sin embargo, son orientativas, porque son muchos los casos que no se diagnostican.

Desde 2009, el Ministerio de Sanidad y Consumo establece la información que debe figurar en la composición y el etiquetado de los alimentos sin gluten. Esta medida ahorra a los celíacos o sus familiares hasta un 30% en sus compras y una media de 2 horas en el tiempo dedicado a la adquisición de alimentos.

España es, asimismo, pionera en la promoción de acciones de mejora de la calidad de vida de los celíacos, como atestigua la puesta en marcha, en 2008, del Plan de Apoyo a las Personas con Intolerancia al Gluten, que incluye un protocolo para la detección precoz de la celiaquía.

El gluten

El gluten es una proteína presente en muchos cereales que forman parte de nuestra alimentación, como el trigo o variedades más antiguas que hoy se utilizan de nuevo en la industria alimentaria o en nuestra cocina, como la escanda, el kamut, la cebada, el centeno y la avena.

La importancia del gluten reside, sobre todo, en su capacidad para facilitar la panificación y el leudado y hacer las masas más elásticas. **Hay que recordar, sin embargo, que otros muchos cereales no contienen esta sustancia, como el arroz, el maíz o el trigo sarraceno, y pueden, por consiguiente, ser consumidos por los celíacos.**

Como hemos apuntado antes, los síntomas de la enfermedad celíaca y su gravedad varían de un paciente a otro, y ello depende también de la cantidad de gluten ingerido. Por este motivo, tiene suma importancia establecer un límite máximo de gluten tolerable para los celíacos; no obstante, este límite no está establecido aún a causa de los pocos estudios específicos que se han realizado sobre este asunto y debido a la falta de un método preciso para establecer con certeza el contenido exacto de gluten que contienen los alimentos. Se ha determinado, sin embargo, que una dosis diaria de 200 mg basta para dañar las paredes intestinales de quienes sufren la enfermedad celíaca.

Para un celíaco puede ser peligroso no solo ingerir alimentos que lleven gluten, sino también productos industriales que, aunque no lo contengan en principio, han sido contaminados durante el proceso de elaboración.

Por fortuna, durante los últimos años han sido muchas las industrias del sector alimentario que han querido poner al alcance de los consumidores una amplia variedad de alimentos sin gluten para satisfacer las necesidades de los celíacos, como harinas (que sustituyen a la del trigo), panes, pastas, galletas, pasteles, chucherías, helados...

Causas y manifestaciones de la enfermedad celíaca

Todavía hoy no se conocen exactamente las causas de este trastorno. Sin embargo, los numerosos estudios realizados sobre la enfermedad han puesto de manifiesto su naturaleza hereditaria, por lo que, si alguien resulta afectado, es muy probable que la patología también se manifieste en el 10% de sus parientes más cercanos.

No existe una edad con más riesgo que otra, porque la celiaquía puede presentarse en cualquier momento de la vida. No obstante, por regla general, los síntomas aparecen cuando el gluten se introduce en la dieta. Puede aparecer también después de sufrir algún tipo de trastorno, como ciertas infecciones, un embarazo, un estrés intenso, una lesión física o una operación quirúrgica. Se ha descubierto, además, que en determinadas personas el riesgo es mayor, y deben someterse, por lo tanto, a controles regulares. Esto es muy habitual, por ejemplo, en quienes sufren otras enfermedades autoinmunes tales como la diabetes mellitus de tipo I, la artritis reumatoide o el hipotiroidismo, así como en individuos con síndrome de Down o síndrome de Williams.

La celiaquía puede manifestarse en dos formas, aunque no existan síntomas patognomónicos de esta patología:

–**Celiaquía infantil.** Es la forma típica: un síndrome de mala absorción que suele presentarse unos meses después del nacimiento, es decir, cuando el gluten llega a la dieta del bebé a través de las harinas, la sémola o las galletas. El niño experimenta hinchazón abdominal, pérdida de peso, heces muy malolientes, irritabilidad, diarrea y, en general, trastornos de crecimiento. Esta forma es la más fácil de diagnosticar.

–Celiaquía adulta. Es la forma atípica y, por tanto, la más difícil de diagnosticar, porque no siempre provoca síntomas que conciernen al aparato gastrointestinal y puede confundirse con patologías como la anemia, la depresión, la colitis, los trastornos hepáticos, la neuritis o la infertilidad femenina, por ejemplo. Algunos indicios de la celiaquía, sin embargo, pueden ser: modificaciones del comportamiento, irritabilidad, malestar estomacal, dolor articular, calambres musculares, eccemas cutáneos, llagas bucales, problemas dentales y óseos, pérdida de peso, inapetencia marcada, flatulencia excesiva, apatía, hematomas frecuentes y sensación de debilidad.

La celiaquía, repetimos, no muestra siempre síntomas claros, por lo que puede ser:

–Celiaquía silente. En algunos celíacos la enfermedad transcurre de forma leve y no presentan ningún síntoma, debido a que la alteración de la mucosa intestinal afecta solo a un tramo corto del intestino delgado y la parte restante funciona correctamente y el organismo encuentra el equilibrio. No obstante, a largo plazo la enfermedad puede terminar produciendo daños de importancia que sean el origen de un tumor, por ejemplo.

–Celiaquía potencial. En estos casos, el organismo ha desarrollado ya los anticuerpos contra el gluten, pero la mucosa sigue intacta. No es imprescindible eliminar el gluten de la dieta, pero el sujeto en cuestión tiene que someterse a controles regulares.

Metodología diagnóstica

Como se ha dicho antes, la celiaquía no siempre manifiesta síntomas inequívocos, sino que, a menudo, se descubre casualmente después de una analítica sanguínea o de una gastroscopia.

Aunque la enfermedad puede aparecer en cualquier momento de la vida, de manera más o menos aguda, **se considera un caso de estudio típico de la clínica pediátrica.** Los niños, en especial los que tienen familiares celíacos, suelen recibir más atención preventiva que los adultos.

Con frecuencia, **antes de conjeturar la presencia de enfermedad celíaca, suelen realizarse pruebas diagnósticas para excluir otras patologías** porque, recordamos una vez más, los síntomas de esta intolerancia alimentaria no son inmediatamente reconocibles, ya que puede ser tan inespecíficos como calambres, debilidad muscular, hormigueos, hinchazón de las articulaciones, dolores óseos, alteraciones cutáneas, aftas y trastornos psíquicos.

Hay, además, sujetos afectados de enfermedad celíaca que están absolutamente desprovistos de síntomas o exponen trastornos tan leves que no requieren la intervención del médico. Generalmente, si estos casos se diagnostican es porque en la familia hay algún otro miembro afectado de enfermedad celíaca.

Una vez que se conjetura la patología, el sujeto debe seguir una dieta desprovista de gluten porque, si es un auténtico celíaco, experimentará una notable mejoría general.

La analítica sanguínea puede ser útil para diagnosticar la celiaquía, ya que, quien está afectado, tiene un nivel de anticuerpos superior al normal. En esta primera fase, se analizan anticuerpos específicos en la sangre, a saber:

- los AGA (anticuerpos antigliadina, una de las partes del gluten de trigo),
- los EMA (anticuerpos antiendomisio),
- y los tTG (anticuerpos anti-transglutaminasa).

Para confirmar el diagnóstico se realiza una biopsia del intestino delgado; es decir, se extrae una pequeña parte de la mucosa intestinal mediante una endoscopia, que consiste en insertar un largo y fino tubo a través de la boca hasta el intestino, pasando por el esófago y el estómago, para extraer de allí un trocito de tejido, que se examina en el laboratorio, y poder determinar eventuales daños de las microvellosidades intestinales.

Un diagnóstico tardío es peligroso, porque puede causar ciertos trastornos irreversibles, como osteoporosis, infertilidad, reducción de talla, diabetes mellitus, alopecias, epilepsias con calcificaciones cerebrales y linfomas intestinales.

Asociaciones de celíacos de España

La Federación de Asociaciones de Celíacos de España (FACE) se constituyó legalmente el 27 de junio de 1994 con ámbito de actuación nacional y sin fines lucrativos. La FACE está integrada por 17 federaciones/asociaciones de celíacos de carácter autonómico. El objetivo fundamental de la FACE es coordinar el esfuerzo y la labor realizada por las asociaciones y sus miembros para defender sus derechos, con vistas a la unidad de acción y para un mejor logro de los fines comunes. La FACE se encuentra en: calle Hileras nº 4, 4º 11, Madrid, 28013. Teléfono 91 547 54 11.

Objetivos

Las asociaciones/federaciones que integran la Federación de Asociaciones de Celíacos de España tienen como objetivos comunes:

–Proporcionar información y orientación, así como mejorar el conocimiento de la enfermedad y la adaptación a ella en sus distintas fases y en los diferentes ámbitos (personal, familiar, social, etc.), y apoyar psicológicamente a los afectados y familiares.

–Mantener un seguimiento de los avances científicos a través de reuniones periódicas con médicos y la asistencia a congresos, jornadas, etc.

–Promover la difusión del conocimiento de la enfermedad a través de los medios de comunicación y de publicaciones propias con el fin de concienciar a toda la sociedad.

–Fomentar normativas legales que amparen al celíaco y que garanticen el principio de igualdad de toda la población.

Servicios

Las asociaciones/federaciones que integran la Federación de Asociaciones de Celíacos de España ofrecen los siguientes servicios:

–Información para poder llevar correctamente una dieta sin gluten.

–Asesoramiento y organización de Conferencias, Congresos, Simposios...

–Edición y publicación de folletos y boletines, lista de alimentos, revista Mazorca.

–Organización de actividades de convivencia y foros de encuentro que permitan el intercambio de experiencias y conocimientos entre los asociados, tanto niños como jóvenes y adultos (fiestas infantiles, campamentos de verano, reuniones, asambleas).

–Cursillos de cocina «sin gluten».

–Asesoramiento sobre qué hacer cuando se come fuera de casa.

–Información sobre la existencia de Asociaciones de Celíacos, tanto en España como en el extranjero.

Ser celíaco hoy

Si bien hoy la celiaquía es una enfermedad conocida y difundida, aún no estamos preparados para afrontar esta problemática en todos los sectores. Carecemos de una información generalizada y correcta sobre la patología –para algunos todavía desconocida pese al aumento de afectados– y el mercado de la alimentación todavía no es capaz de satisfacer con eficacia las necesidades de los celíacos.

Las personas que sufren de celiaquía y que adoptan una alimentación que tiene en cuenta su intolerancia son personas sanas a todos los efectos, y, por tanto, capaces de llevar vidas normales, aunque hayan de tomar algunas precauciones. Las dietas desprovistas de gluten no representan ningún drama *per se*, pero como todavía hoy son muchas las carencias, los celíacos y sus familiares se encuentran con que deben afrontar determinados problemas, de índole práctica o psicológica, que no deben subestimarse.

No debemos olvidar, además, los distintos problemas alimentarios presentes en nuestra sociedad (lo difícil que resulta comer bien y saludablemente, el aumento de trastornos alimentarios como la obesidad y la presencia cada vez más frecuente de la comida rápida) que nos demuestran lo desacostumbrados que estamos a cuidar nuestro cuerpo y la escasa atención que prestamos a la educación sobre cuestiones alimenticias.

Al celíaco le están absolutamente prohibidos ciertos alimentos habituales, como el pan, la pasta, las galletas, los bollos o las pizzas, aquello que se consume velozmente en un bar o local de cómida rápida durante la pausa para comer o en los recreos de los colegios; esto implica la necesidad de plantear una educación alimentaria solvente y de propiciar un conocimiento de la problemática al alcance de todo el mundo. Además, aunque el comercio ofrece productos sustitutivos de los que contienen gluten, no puede decirse que tengan exactamente las mismas características cualitativas ni que haya demasiada variedad.

Cuando se trata de alimentación casera, la celiaquía puede gestionarse adecuadamente con un poco de paciencia y sentido

práctico, tomando ciertas precauciones de las que hablaremos más adelante. Pero cuando se trata de comer en sociedad, en lugares públicos, la situación se complica mucho más. A menudo, los comedores escolares o de empresa no están preparados para servir a enfermos de celiaquía, porque la posibilidad de acceder a una dieta personalizada desprovista de gluten depende de la sensibilidad de los servicios de restauración colectiva, del conocimiento del problema por parte de los educadores y de la voluntad de colaboración de toda la sociedad.

Los principales problemas se producen en la adolescencia (especialmente en aquellos enfermos en los que la celiaquía se manifiesta más tarde) porque los chicos difícilmente aceptan cambiar su alimentación y renunciar a costumbres normales para su grupo de edad, como beber una cerveza o comer una pizza con los amigos. En el ámbito universitario, el problema se acentúa, sobre todo cuando se hacen cursos en el extranjero.

Ni siquiera para los niños celíacos, acostumbrados desde pequeños a evitar determinados alimentos (como algunos que contienen gluten) es fácil afrontar ciertas situaciones, como la fiesta de cumpleaños de un compañero de colegio, por ejemplo, donde la mayor parte de los alimentos (la tarta, sin ir más lejos) les están prohibidos.

Uno de los episodios de mayor riesgo para las mujeres es el embarazo. Si la celiaquía se diagnostica durante este periodo, no conlleva problemas especiales, ya que es suficiente con seguir una dieta adecuada; por el contrario, si se ignora que una mujer embarazada sufre enfermedad celíaca se arriesga a sufrir un aborto o a tener un bebé potencialmente enfermizo.

Así que los problemas principales son:
- el escaso conocimiento de la enfermedad a nivel social,
- la falta de una gran variedad de productos sustitutivos, y, sobre todo, el hecho de que todavía pocos restaurantes ofrecen productos para celíacos.

En la actualidad, incluso los vegetarianos (cuya salud no corre riesgo) disponen de comidas diferenciadas cuando viajan en avión, pero no así los celíacos; en los supermercados, se encuentran ya sin dificultad productos de marcas dietéticas sin azúcar, sin grasas o sin aditivos, pero todavía relativamente pocos sin gluten –aunque es cierto que cada vez la oferta es mayor–. **Es, por tanto, necesario transmitir a la sociedad toda la información sobre este trastorno** y sensibilizar a los productores y a los gestores de productos alimenticios, para que los celiacos dispongan de cuanto necesitan y, además, a buen precio.

La alimentación correcta

Para un adulto que sigue una dieta equilibrada y sana, los porcentajes de calorías ingeridos diariamente deben distribuirse de la siguiente manera:

- 60% de carbohidratos o azúcares,
- 20-30% de proteínas vegetales/animales,
- 10-20% de grasas.

Como cada alimento aporta al organismo unos nutrientes determinados, lo mejor es seguir dietas lo más variadas posibles, ingiriendo cantidades adecuadas de los diversos tipos de alimentos.

Así, cada grupo de alimentos tiene propiedades específicas:

–Las frutas y las hortalizas, grupo que incluye también las legumbres frescas, son una fuente importantísima de fibra, provitamina A, vitamina C y otras vitaminas, diversos minerales y antioxidantes que realizan una inestimable acción protectora. Dado que son muchos los alimentos que pertenecen a este grupo, podemos variar muchísimo los menús. Uno de los requisitos de la alimentación saludable es tomar frutas y hortalizas abundantemente desde el desayuno (en forma de zumo de naranja o de macedonia, por ejemplo). Conviene consumir 3-4 porciones de alimentos procedentes de este grupo al día.

-Los cereales y los tubérculos, grupo que incluye alimentos tales como patatas, arroz, maíz, trigo sarraceno y muchos otros. Los cereales tienen más valor nutritivo que los tubérculos, las frutas y las raíces porque no solo suministran almidón y fibra, sino también proteínas y ácidos grasos esenciales, y contienen carbohidratos cuya estructura química permite la absorción gradual, cosa que ayuda a mantener el nivel adecuado de azúcar en la sangre. Estos alimentos, en especial el arroz y las patatas, constituyen una fuente de energía fácilmente asimilable y utilizable. Los cereales aportan además importantes cantidades de vitamina B y algunas proteínas que, si bien no son de la mejor calidad, unidas a las de las legumbres resultan en un valor neto proteínico comparable al de las proteínas animales. Una dieta correcta exige consumir de 2 a 4 porciones de alimentos de este grupo al día.

-Leche, yogur, quesos y otros productos lácteos, alimentos que suministran calcio, proteínas y algunas vitaminas (sobre todo B2 y A). El consumo diario adecuado se sitúa en 1-2 porciones de alimentos de este grupo, preferiblemente de poco contenido graso.

-La carne, el pescado y los huevos suministran oligoelementos (zinc, cobre y hierro), proteínas y vitaminas del complejo B. Una dieta saludable requiere pescado y carne magra, así como un consumo máximo de 2-3 huevos a la semana. En este grupo pueden incluirse también las legumbres secas, que, además de aportar los nutrientes característicos de la carne, el pescado y los huevos, contienen almidón y fibra. Cada día deben consumirse 1-2 porciones de alimentos de este grupo.

-Las grasas de origen vegetal y animal deben consumirse en dosis moderadas. Aportan al organismo ácidos grasos esenciales y vitaminas liposolubles, y favorecen la absorción de estas últimas. Cada día deben consumirse 1-3 porciones de grasas, y mejor si son de origen vegetal que animal.

Obviamente, también el celíaco debe observar las reglas alimenticias que acabamos de exponer, sustituyendo los alimentos que contengan gluten (que siempre han formado parte de la dieta mediterránea) por otros desprovistos de él. Con un poco de imaginación es posible preparar platos sabrosos y variados libres de gluten.

El hecho de tener que excluir de la dieta los importantes nutrientes del trigo, de la cebada, de la avena y de otros cereales, condiciona forzosamente los hábitos ali-

Grasas de origen vegetal y animal.

menticios y domésticos, así como la compra y las comidas que se realizan fuera de casa, pero eso no significa que invalide los principios básicos de una alimentación sana.

Quienes padecen celiaquía, justamente a causa de las limitaciones alimenticias a las que se ven sometidos, corren a menudo el riesgo de exagerar la ingesta de proteínas y grasas en detrimento de los hidratos de carbono complejos. Para evitar este peligro es de gran utilidad el conocimiento de culturas culinarias diferentes a la nuestra, que hacen un mayor uso de distintos cereales (en oriente, por ejemplo, el arroz, que sustituye al pan como acompañamiento). Una vez que sabemos qué ingredientes son los permitidos y cuáles no, es posible seguir una dieta apetitosa y variada.

Huevos: gran fuente de proteínas.

Dónde se encuentra el gluten

Excluir completamente el gluten de la propia dieta no es sencillo, en gran parte porque los cereales prohibidos a los celíacos están presentes en muchísimos productos alimenticios. En algunos alimentos, la presencia de gluten se reconoce con facilidad (pan, tartas, pizzas, sándwiches, bocadillos, alimentos empanados...), mientras que en otros no es evidente (coberturas de caramelos, chucherías, agentes leudantes...).

Para un celíaco es fundamental poder encontrar siempre en cualquier sitio, ya sea el supermercado o un restaurante, la relación detallada de los ingredientes que intervienen en cada plato o cada producto. No hay que olvidar que también en algunos alimentos, aparentemente inocuos para el celíaco, pueden encontrarse restos de gluten, y sucede incluso con determinados productos farmacéuticos. Por ejemplo, la harina de trigo se usa con frecuencia para espesar salsas, pudines, chocolate o para preparar el rebozado de las albóndigas o platos de verdura.

Por si esto fuera poco, un mínimo cambio en la elaboración industrial de ciertos productos puede convertir en perjudiciales alimentos habitualmente consumidos por los celíacos. La lectura atenta de las etiquetas es, por tanto, fundamental para conocer todas las composiciones y las eventuales variaciones de ingredientes potencialmente dañinos.

Los ingredientes de la siguiente relación son indicativos de probable presencia de gluten, y, si están incluidos en el etiquetado, exigen información detallada sobre el producto:

- aditivo cereal
- almidón
- cereal
- emulsionante
- estabilizante
- estabilizador
- proteína vegetal
- proteína vegetal hidrolizada
- potenciador del sabor

La FACE (Federación de Asociaciones de Celíacos de España), en su página web http://www.celiacos.org/, publica periódicamente, entre otras muchas informaciones útiles, listas de alimentos permitidos y prohibidos y de puntos de venta de productos sin gluten. Especial interés tiene el uso de la espiga barrada, símbolo internacional de los celíacos y que se traduce como «libre de gluten». Este símbolo indica que el producto que lo lleva se acoge al *Codex Alimentarius*, que, como su nombre indica, es un código de alimentación internacional creado por Naciones Unidas y la Organización Mundial de la Salud.

Durante los últimos años, especialmente, las cosas están empezando a mejorar: por ejemplo, ya son muchos restaurantes los que indican en las cartas los platos exentos de gluten, y son ya otros tantos los productos específicos que se venden en los supermercados y no solo en las farmacias o en las tiendas especializadas.

Tras analizar sus ingredientes y su elaboración, la **FACE** ha dividido los distintos productos alimenticios en tres grupos: los libres de gluten, los que pueden contener gluten y los prohibidos.

Los alimentos libres de gluten pueden ser consumidos tranquilamente por los celíacos, porque, además de no contener gluten, no han corrido peligro de contaminarse con él durante su elaboración.

Los alimentos que pueden contener gluten han podido ser contaminados durante el proceso de elaboración, y se debe controlar tanto sus ingredientes como su manufactura. Las empresas deben examinar atentamente las materias primas, el producto final, cada fase individual de fabricación, los entornos de trabajo, la maquinaria, los aditivos y a los trabajadores para evitar contaminaciones cruzadas que convertirían en peligroso un producto naturalmente desprovisto de gluten. Si, por ejemplo, en el mismo entorno de trabajo se utiliza también otro cereal prohibido, puede ocasionarse una contaminación accidental de los productos acabados por presencia de gluten en el ambiente de trabajo o en los sistemas de transporte.

Los alimentos prohibidos son, sencillamente, los que contienen gluten, es decir, los que un celíaco no debe tomar bajo ninguna circunstancia.

Así, se puede hablar también de **alimentos permitidos, alimentos de riesgo y alimentos prohibidos**. Los alimentos permitidos serían arroz, maíz, trigo sarraceno (teniendo en cuenta siempre, como también para el amaranto y la quinua, que no haya sido contaminado durante su elaboración), tapioca (fécula extraída de la raíz de la mandioca), amaranto (originario de América Central, tiene granos más pequeños que los de la quinua), quinua (antigua planta de Sudamérica) o sorgo, en los cereales; los *lácteos sin sabores;* las frutas y verduras; las legumbres; el azúcar y la miel; aceites y mantequillas; café en grano o molido, infusiones, refrescos de

Cereales, harinas y derivados.

naranja, limón y cola, vinos y bebidas espumosas; frutos secos crudos; y sal, vinagre de vino y especias naturales.

Los **alimentos de riesgo** incluirían harinas, féculas, almidones de cereales permitidos (especialmente la maicena), malta, extracto de malta; embutidos: choped, mortadela, chorizo, morcilla, salchichas...; patés; quesos fundidos, de untar, de sabores, especiales para pizzas; conservas de carne, albóndigas, hamburguesas; conservas de pescado en salsa, con tomate frito; salsas, condimentos y colorantes alimentarios; sucedáneos de café, chocolate y cacao y otras bebidas de máquina; frutos secos tostados o fritos con harina y sal; caramelos y golosinas; algunos tipos de helados; y sucedáneos de chocolate.

Y los **alimentos prohibidos** son: pan, obleas (incluida la de la Primera Comunión) harina de trigo, cebada, centeno, bollos, pasteles y tartas, galletas, bizcochos y productos de repostería; pasta alimenticia: fideos, macarrones, tallarines...; higos secos; bebidas destiladas o fermentadas a partir de cereales: cerveza, agua de cebada...; productos manufacturados en los que entre en su composición cualquiera de las harinas ya citadas y en cualquiera de sus formas: almidones, féculas, sémolas, proteínas.

Detallemos algo más lo dicho hasta ahora.

En lo tocante a la leche y sus derivados, está permitida la leche fresca (pasteurizada) y la de larga conservación (UHT, esterilizada, muy digerible) sin vitaminas y otras sustancias añadidas, la leche para primera infancia, los yogures naturales (enteros o desnatados), la nata fresca pasteurizada, la nata de larga conservación, los quesos frescos...

Presentan riesgos la nata de larga conservación con añadidos como salmón o setas, los yogures de fruta, los quesos de untar o los que llevan hierbas, las cremas y los flanes, la nata montada, la leche en polvo de uso industrial, la leche condensada, la leche con vitaminas u otras sustancias y las bebidas a base de leche.

Están prohibidos los platos preparados a base de queso con empanados realizados con harinas prohibidas, los yogures con cereales, mueslis...

Entre las verduras y las legumbres están permitidas todas las verduras frescas, desecadas, congeladas y liofilizadas sin productos añadidos y las conservas de verduras de salmuera, en aceite o en vinagre, desprovistas de aditivos, aromas y otras sustancias, así como las legumbres frescas, secas y en conserva al natural. Presentan riesgos, sin embargo, las patatas precocinadas o congeladas, los platos a base de verduras precocidas, los purés instantáneos o congelados, las patatas precocinadas para freír, las verduras en conserva con ingredientes añadidos. Están prohibidos también los platos de verdura con cereales (sopas, menestras...) y las verduras empanadas o rebozadas...

En cuanto a las frutas, están permitidas todas las no elaboradas, frescas o congeladas, las frutas en almíbar, todos los tipos de fruta seca sin aditivos (al natural, tostadas, saladas...), los frutos secos sin enharinar (dátiles, ciruelas pasas...). Presentan riesgo las frutas confitadas y glaseadas, mientras que quedan prohibidas las frutas deshidratadas y enharinadas, como los higos secos.

Por lo que respecta a las bebidas, pueden consumirse los néctares, los zumos de frutas a los que no se haya agregado vitaminas u otras sustancias (conservantes, aditivos, aromatizantes), las bebidas con gas como los refrescos, el café, las infusiones, las tisanas, el vino tinto o blanco, el coñac, la grappa, el ron, el tequila, el whisky (escocés únicamente) y, en general, las bebidas alcohólicas.

Presentan riesgos las bebidas light, las preparadas a base de frutas, los cafés solubles de frasco o sobrecito, los chocolates preparados, los integradores salinos (líquidos o en polvo), los néctares o los zumos de fruta con vitaminas u otras sustancias añadidas, los preparados para bebidas de chocolate/cacao, los jarabes para refrescos y granizados o los tés preparados (líquidos o en polvo).

Están prohibidos los cafés solubles o los sucedáneos de café que contengan cebada o malta, las bebidas a las que se haya agregado cebada o malta, las bebidas de avena, la cerveza, el vodka, la ginebra, los cócteles preparados con este tipo de alcohol y el whisky no escocés (bourbon, por ejemplo).

En lo concerniente a los dulces, están permitidos el azúcar, la miel y la raíz de regaliz. Presentan riesgo, sin embargo, las mermeladas y las confituras, el azúcar glas, las chocolatinas (con o sin relleno), las cremas al cacao con o sin avellanas para extender, el cacao en polvo, los hela-

dos, las tartas, las galletas y los preparados para dulces, los caramelos, las confituras, las gelatinas y los chicles.

Están prohibidos los chocolates con cereales, las tartas, las galletas, las pastas y las golosinas preparadas con harina y otros ingredientes inadecuados.

Por lo que se refiere a las grasas y a los condimentos, están permitidos la mantequilla, la manteca, el tocino, los aceites vegetales no aromatizados (oliva, maíz, girasol, cacahuete, soja, arroz, palma), la pimienta, la sal, el azafrán, las especias y hierbas aromáticas al natural, el puré de tomate, los tomates pelados, el extracto de levadura y la levadura de cerveza (fresca y liofilizada). Presentan riesgo los vinagres aromatizados y/o balsámicos, los extractos de carne, los preparados para salsa, las levaduras químicas, la mantequilla light, la margarina y la margarina light, los saborizantes aromatizados, la mayonesa, la mostaza, la pasta de anchoas, los condimentos de composición no definida y el curry.

Están prohibidas las besameles, la levadura madre y la levadura ácida, excepto en aquellos casos en los que se tiene la certeza absoluta de que están libres de contaminación.

Miel, sal y aceite.

¡Atención a los productos farmacéuticos!

Los productos farmacéuticos pueden incluir gluten, harinas, almidones, u otros derivados en sus excipientes, nocivos para quienes sufren la enfermedad celíaca. Los prospectos, por tanto, deben incluir la siguiente advertencia, además de las correspondientes a los principios activos que figuren en su composición: «ADVERTENCIA», este preparado contiene (en cada producto se indica el excipiente peligroso que corresponda). Los enfermos celíacos deben consultar con su médico antes de utilizarlos.

Encontrará información exhaustiva sobre este asunto en la dirección de Internet http://www.celiacos.org.

La alimentación fuera de casa

En la actualidad, es cada vez más común que tomemos al menos una de las tres comidas principales del día fuera de casa (en bares, cafeterías o restaurantes) porque, debido al ritmo que nuestro estilo de vida o nuestro trabajo nos impone, suele ser materialmente imposible tener tiempo para volver a casa a comer con calma.

Por este motivo, es fundamental que el celíaco sepa exactamente dónde se encuentran los restaurantes que han tomado conciencia de este problema y ofrecen datos seguros sobre las recetas que preparan o comercializan. En http://www.infoceliaquia.org/restaurantes/ hay un directorio de información considerable, organizado por Comunidades Autónomas, de restaurantes que elaboran o comercializan recetas sin gluten. Están agrupados en diferentes PDF y se actualizan con cierta frecuencia. Además, FACE ha contactado con algunas cadenas de restauración nacionales a las que ha asesorado convenientemente en la atención al cliente celíaco para que puedan ofrecer un menú sin gluten y con garantías, como son:

- Máquinas expendedoras: www.serventa.es
- IKEA: www.ikea.es
- Telepizza: www.telepizza.es (ver relación de tiendas que ofrecen pizza apta para celíacos)
- VIPS: www.grupovips.com (ver tiendas que ofrecen menú para celíacos)

En cualquier caso, y como recomienda la FACE, el enfermo celíaco debe informar siempre en los restaurantes al *maître* o al camarero que lleva una dieta sin gluten.

No dude en preguntar los ingredientes y el proceso de elaboración de los platos. Hay platos libres de gluten (ensaladas, pescados y carnes a la plancha, tortillas naturales, postres naturales, lácteos naturales, frutas) en la mayoría de los restaurantes. Si se le antojan patatas fritas, pida que se las hagan en una sartén limpia; si el plato es a la plancha, igual. En muchas ocasiones, se incorpora harina a la plancha para evitar que se peguen los alimentos, con la consiguiente contaminación cruzada de gluten.

Si le gusta el pan, la bollería o la pasta, lleve siempre un par de paquetes de productos sin gluten (pan, galletas, bollos), por si acaso. En los bares, indique al camarero que es celíaco y que no puede tomar ciertos productos. Pregunte por las tapas o raciones que se hacen de forma artesanal, y compruebe sus ingredientes. Siempre puede pedir tapas de queso, jamón serrano, latas de conservas (mejillones, zamburiñas, berberechos...). Recuerde que también puede beber ciertos refrescos, vinos, zumos y algunos licores.

La alimentación en casa

En un mundo que marcha cada vez más deprisa, los celíacos tienen que dedicar, a menudo, más tiempo y atención para alimentarse, para cocinar y para procurarse los ingredientes. Por este motivo, es útil un libro de recetas que les permita disfrutar de los placeres de la mesa sin tener que circunscribirse a unos pocos alimentos especiales. Algunos productos pueden adquirirse en tiendas especializadas, farmacias o centros de dietética, pero también podemos aprender a preparar en casa bocadillos, yogures y helados si contamos con la guía adecuada: ¡después solo necesitaremos una buena dosis de imaginación y ganas de experimentar!

Una vez elegidos los ingredientes adecuados, para preparar una comida sin gluten es necesario ser muy cuidadosos, a fin de no incurrir en contaminaciones arriesgadas. La harina de trigo es, por ejemplo, uno de los elementos más peligrosos, ya que es impalpable y volátil, y, por consiguiente, difícil de controlar. Esto no significa que no puedan tenerse en la cocina ingredientes peligrosos, pero sí que conviene conservarlos cerrados en recipientes herméticos y en lugares distintos, no donde se guardan el resto de los productos. Para no correr riesgos, basta con prestar atención a estas sencillas sugerencias:

- evite enharinar los alimentos con harinas prohibidas;
- no añada harinas prohibidas a salsas ni a fondos de cocción para espesarlos;
- no utilice el agua de cocción de la pasta corriente para cocer la pasta sin gluten;

- no contamine los alimentos con las manos enharinadas o con utensilios sucios de harina;
- no apoye directamente los alimentos sobre superficies de trabajo contaminadas, bandejas que hayan contenido harinas prohibidas o donde se hayan cocido panes, pizzas o piezas de repostería preparadas con harinas corrientes;
- evite preparar alimentos en entornos con riesgo de contaminación;
- no utilice aceite para freír ya utilizado con alimentos empanados o enharinados;
- no prepare el café con la misma máquina o cafetera donde hace el café de cebada;
- use su propia mantequilla y su propia tostadora para evitar contaminación con migas de pan corriente.

Las recetas

Una taza de harina de trigo puede sustituirse por:

- una taza de almidón de trigo sin gluten,
- una taza de harina de maíz,
- una taza pequeña de harina de maíz fina,
- tres cuartas partes de la pasta de harina de maíz gruesa,
- tres cucharadas soperas de fécula de patata,
- una taza de harina de soja,
- la cuarta parte de una taza de almidón de patata.

La necesidad de eliminar el gluten de los ingredientes de estas recetas no ha sido una limitación sino, bien al contrario, un estímulo para inventar platos variados y apetitosos.

Recuerde que, debido a la ausencia de gluten y teniendo en cuenta que este tiene una función espesante, la elaboración de las harinas será más compleja, y la consistencia de los platos terminados y de las masas resultará distinta de la tradicional.

Para ligar las salsas puede utilizarse, en lugar de la harina de trigo, la fécula de maíz o un alga llamada agar agar, que se vende en barras y que puede ser triturada con la picadora o disuelta en líquidos calientes que se añaden a los platos.

Nota

En cada una de las recetas se indica el tiempo de preparación, que comprende el lapso de la preparación misma más el de la cocción; no se tienen en cuenta, sin embargo, los tiempos de remojo en agua, reposo, maceración, leudado o enfriamiento.

Ciertas recetas remiten a las preparaciones básicas: en estos casos, es necesario sumar los tiempos respectivos.

El asterisco (*) se utiliza para señalar los ingredientes que tienen riesgos, y cuya composición debe leerse atentamente en las etiquetas.

Preparaciones básicas

Harina de almendras

Preparación: 40'   Dificultad: fácil

100 g de almendras con piel

Echar las almendras en un cazo con agua abundante y llevar a ebullición; después, colar y pelar. Disponer en una bandeja recubierta de papel sulfurizado (papel de horno) y tostar en el horno a 160 °C durante 20 minutos. Sacar la bandeja del horno y dejar que se enfríen. Pasar entonces por la picadora, pulverizar y reducir a harina. Para conservar, meter en una bolsita de papel y guardar en un lugar fresco y seco.

Curry

Preparación: 20'   Dificultad: fácil

1/2 cucharadita de semillas de mostaza,
1 cucharadita de pimienta negra en grano,
1 cucharadita de semillas de alholva o fenogreco,
30 g de semillas de cilantro, 5 guindillas rojas secas,
1/2 cucharadita de jengibre machacado,
2 cucharaditas de cúrcuma machacada

Echar en un cazo las semillas de mostaza, la pimienta, el fenogreco, el cilantro y las guindillas y mezclar todo bien. Poner la cazuela a fuego lento hasta que la mezcla cobre un color oscuro; tener cuidado de no quemarla. Después de enfriar la mezcla, reducir a polvo con el molinillo, añadir el jengibre y la cúrcuma y mezclar bien todo. Si se vierte el preparado en un recipiente de cierre hermético se podrá utilizar durante unos tres meses (tiempo en que conserva el aroma).

Pastilla de caldo de verduras

Preparación: 15'   Dificultad: fácil

300 g de sal fina, 2 hojas de laurel,
1 cucharadita de romero, 2 bayas de enebro, 2 clavos de olor,
20 g de cilantro, 30 g de cebollinos, 5 g de semillas de mostaza,
5 g de jengibre seco, 20 g de zanahorias deshidratadas,
10 g de apionabo deshidratado, 15 g de cebolla deshidratada,
10 g de tomate deshidratado, 10 g de perejil seco

Machacar en el mortero el laurel, el romero, el enebro, los clavos de olor, el cilantro, el apionabo, la cebolla deshidratada y el perejil. Sazonar con sal. Añadir las verduras deshidratadas y el perejil. Conservar en un recipiente cerrado.

Mayonesa

Preparación: 15'   Dificultad: fácil

1 yema de huevo, 1 taza de aceite de semillas, 10 g de mostaza,
150 ml de jugo de limón, 1 pellizco de sal

Antes de proceder a la preparación, sacar los ingredientes del frigorífico para que se templen a temperatura ambiente. Echar en un vaso alto y estrecho (como, por ejemplo, el de una batidora) la yema, la mostaza y la sal, y mezclar bien. Batir todo con las varillas mientras se añade el aceite gota a gota utilizando una aceitera de cuello estrecho. Cuando la mayonesa comience a espesar, añadir el aceite un poco más deprisa y seguir removiendo con las varillas siempre en el mismo sentido. Una vez que la salsa haya cogido cuerpo, incorporar el zumo de limón y batir un poco más.

Besamel

Preparación: 15' Dificultad: fácil

Para 1/2 litro de besamel:

50 g de maicena, 50 g de mantequilla, 2 cucharadas de aceite de oliva virgen extra, 1/2 litro de leche, nuez moscada, sal, pimienta

Disolver en una cazuela la maicena en la mantequilla y las dos cucharadas de aceite; cuando esté completamente mezclado, encender el fuego y, manteniéndolo bajo, agregar la leche poco a poco, sin parar de remover con una cuchara de madera, hasta que espese. Cuando falten un par de minutos para concluir la cocción, salpimentar y añadir una ralladura de nuez moscada. Si la besamel queda demasiado espesa, añadir la leche suficiente para dejarla al gusto; se puede hacer lo propio con la maicena en caso contrario pero, entonces, hay que dejarlo cocer unos minutos más.

Mostaza

Preparación: 5' Dificultad: fácil

1/2 vaso de vinagre de sidra,*
150 g de semillas de mostaza,
20 g de cúrcuma, sal

Echar en un cuenco de cristal el vinagre, las semillas de mostaza y la cúrcuma. Dejar macerar el compuesto un mes a una temperatura no superior a 40 °C. Transcurrido ese tiempo, batir la mezcla en la batidora hasta obtener una crema, añadiendo la sal y las especias se que prefieran.

Torta de garbanzos

Preparación: 40' Dificultad: fácil

Para 4 personas:
500 g de harina de garbanzos,*
2 l de agua a temperatura ambiente,
3 cucharadas de aceite de oliva virgen extra, sal

Tamizar la harina de garbanzos, añadir lentamente al agua y sazonar con sal, removiendo continuamente para evitar la formación de grumos. Dejar reposar la pasta durante 4 horas. Retirar la espuma que se haya formado en la superficie de la masa y verter en una bandeja de horno untada de aceite; cocer a 200 °C y servir muy caliente.

Polenta

Preparación: 45' Dificultad: fácil

Para 6 personas:
1 kg de harina de maíz,
3 cucharadas de aceite de oliva virgen extra,
2 l de agua, sal

Poner al fuego una cazuela grande (lo suficiente para que quepa cómodamente la cantidad de agua señalada) con 2 litros de agua ligeramente salada y 3 cucharadas de aceite. Cuando empiece a hervir, verter la harina de maíz en forma de lluvia removiendo mientras enérgicamente con una cuchara de madera. Cocer la polenta durante 40 minutos sin dejar de remover para evitar que se formen grumos. Verter sobre una bandeja y servir caliente. También se puede dejar enfriar y cortar en rebanadas que pueden ser la base de diversos platos.

Pan de pobre

Preparación: 45'   Dificultad: media

150 g de maicena*,
150 g de harina de maíz*,
3 yemas de huevo, 80 g de azúcar, 3 claras de huevo,
50 g de azúcar glas*, 80 g de mantequilla,
20 g de levadura para repostería*

Batir en un cuenco las yemas de huevo y el azúcar. Derretir la mantequilla y verterla poco a poco en las yemas que se acaban de batir. Añadir la levadura y mezclar bien. En un recipiente, montar las claras a punto de nieve; cuando hayan adquirido consistencia, incorporar el azúcar glas y mezclar con cuidado de arriba a abajo utilizando una cuchara de madera. Unir los dos compuestos, mezclarlos con delicadeza y volcar la pasta final en un molde; hornear, en horno precalentado, durante 30 minutos a 180 °C. Rellenar el pan con lo que se desee.

Masa para pizza

Preparación: 40'   Dificultad: fácil

Para 4 personas:
400 g de harina de arroz*,
2 cucharaditas de levadura sin gluten*,
1 vaso de aceite de oliva virgen extra,
agua a temperatura ambiente

Echar la harina en un cuenco y añadir la levadura y el aceite; mezclar bien. Añadir después el agua a cucharadas mezclando y trabajando enérgicamente los ingredientes con las manos hasta lograr una masa elástica. Extenderla sobre una superficie de trabajo enharinada utilizando el rodillo, con ella cubrir una bandeja de horno engrasada y enharinada y cocer en el horno precalentado durante unos 20 minutos a 180 °C.

Pasta para tallarines de trigo sarraceno

Preparación: 15'   Dificultad: fácil

Para 4 personas:
100 g de harina de maíz*, 100 g de maicena*,
100 g de harina de trigo sarraceno, 2 huevos,
agua a temperatura ambiente, sal

Con las harinas y la maicena hacer un montón y, sobre la superficie de trabajo, formar un volcán. Después, añadir lentamente la yema de los huevos y un pellizco de sal en el «cráter». Amasar los ingredientes agregando agua a temperatura ambiente hasta obtener una masa blanda y homogénea. Estirar hasta darle un espesor medio y, después, cortar como tradicionalmente se hace con los tallarines.

Tallarines

Preparación: 20'   Dificultad: fácil

Para 4 personas:
150 g de harina de maíz*,
50 g de harina de garbanzos*,
100 g de maicena*,
2 huevos,
5 g de aceite de oliva virgen extra,
600 ml de agua, 3 g de sal

Amasar las harinas con el agua, los huevos y el aceite hasta obtener una masa homogénea y elástica.
Si dispone de máquina, estirar dándole forma de lámina y, para terminar, cortar en tiras largas.

Crepes

Preparación: 20'   Dificultad: fácil

Para 4 personas:
100 g de harina de trigo sarraceno fino,*
30 g de mantequilla, 250 ml de leche,
2 huevos, sal, pimienta

Tamizar la harina, agregar los huevos de uno en uno, añadir sal y trabajar bien la masa. Incorporar lentamente la leche y la mantequilla derretida y mezclar hasta obtener un compuesto homogéneo. Tamizar la mezcla pasándola por un colador de malla cerrada. Untar con mantequilla una sartén antiadherente grande, ponerla a fuego bajo y echar en ella un cucharón de mezcla, distribuyéndola de modo uniforme. En cuanto la crepe comience a cuajarse, dar la vuelta con una paleta para que se haga por el otro lado. Continuar preparando las crepes de esta manera hasta terminar toda la mezcla.

Pasta flora

Preparación: 45'   Dificultad: media

Para 4 personas:
100 g de harina de arroz,*
100 g de harina amarilla de maíz,*
100 g de maicena, 300 g de mantequilla,*
80 g de azúcar

Tamizar las harinas y la maicena en un cuenco y agregar el azúcar; añadir la mantequilla en pedazos. Amasar con las manos hasta obtener una masa suave y lisa. Estirar la pasta con el rodillo en la superficie de trabajo y recubrir con ella una bandeja de horno engrasada y enharinada. Pinchar con un tenedor, rellenar al gusto y cocer en el horno precalentado a 180 °C durante 30 minutos.

Pan

Pan de arroz

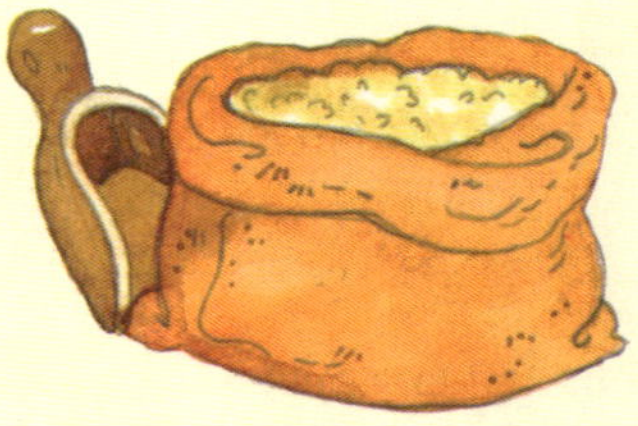

Preparación: 40'   Dificultad: fácil

1 vaso de arroz integral, 8 vasos de agua,
1 huevo, 1 cucharadita de levadura
en polvo sin gluten, 1 pellizco de sal*

Poner el arroz a remojar en agua durante toda la noche.
Al día siguiente, utilizar las varillas para romper en pedacitos el arroz remojado; añadir el huevo, la levadura y la sal y batir bien la mezcla para amalgamar todos los ingredientes. Verter el compuesto en una bandeja de horno engrasada y cubrir con papel de aluminio. Hornear 30 minutos en horno precalentado a 200 °C.

Pan árabe

Preparación: 45'   Dificultad: media

1,5 kg de harina sin gluten, 7 g de levadura*, 300 ml de agua,*
1 cucharadita de azúcar, aceite de oliva virgen extra

Trabajar la levadura, el agua y el azúcar en un cuenco, y dejar reposar durante 5 minutos hasta que aparezca espuma. Añadir la harina y 2 cucharadas de aceite; meter todo en la amasadora hasta obtener una masa compacta. Depositar esta sobre una superficie de trabajo enharinada y amasar hasta que cobre elasticidad. Pasarla entonces a un recipiente engrasado, cubrir con un paño y dejar que repose durante 20 minutos. Pasado este tiempo, trabajar de nuevo la masa para que expulse el aire y dividirla en porciones que extenderá con ayuda del rodillo hasta dar forma a discos de 5 mm de grosor. Colocarlos en una bandeja de horno engrasada, pintarlos con agua y dejarlos subir otros 20 minutos. Pintarlos de nuevo con agua y hornearlos 5 minutos en horno precalentado a 250 °C.

Pan de maíz

Preparación: 45'   Dificultad: fácil

2 tazas de harina de maíz, 1 huevo, 2 tazas de leche, 2 cucharadas de levadura*, 1 cucharadita de sal, 50 g de mantequilla*

Echar la harina, la sal y la levadura en un cuenco y mezclar. Por otro lado, batir los huevos con la leche previamente calentada; amalgar bien. Mezclar con cuidado la masa y los huevos añadiendo la mantequilla fundida; verter esta mezcla final en un molde engrasado y cocer en horno precalentado a 200 °C durante unos 35 minutos.

Pan de maíz al queso

Preparación: 45' Dificultad: fácil

2 tazas de harina de maíz,*
200 g de queso cremoso fresco, 2 huevos,
150 g de mantequilla,
350 ml de leche, 2 cucharaditas de levadura sin gluten*,
la punta de una cucharadita de sal

Echar en un cuenco la harina, la sal y la levadura y mezcle bien. Añadir la leche templada y dejar reposar la masa unos minutos. Batir los huevos agregándoles la mantequilla fundida y el queso a fin de obtener una crema. Incorporar la leche a la harina y añadir la crema de queso. Mezclar los dos compuestos batiendo enérgicamente con las varillas. Verter la mezcla en un molde de horno engrasado y enharinado y cocer en horno precalentado a 180 °C durante unos 30 minutos.

Pan de fresas

Preparación: 1 h Dificultad: media

280 g de harina sin gluten, 70 g de azúcar de caña,*
2 cucharaditas de levadura, 1 huevo, 200 ml de leche,*
30 g de mantequilla, 100 g de nueces,
400 g de fresones, sal

Lavar y secar los fresones; cortar en cuatro trozos. Echar la harina, el azúcar, la levadura y la sal en un cuenco de capacidad suficiente. Añadir el huevo y la mantequilla fundida y mezclar bien hasta obtener una masa suave. Incorporar los fresones y las nueces, troceadas, y verter la mezcla en una bandeja de *plum cake* engrasada con mantequilla; cocer en el horno unos 45 minutos a 170 °C.

Desayunos

Arroz inflado al chocolate

Preparación: 20'   Dificultad: media

Para 4 personas:
100 g de chocolate para fundir*,
120 g de copos de arroz inflado,
200 g de leche,
80 g de azúcar glas, 4 g de agar agar

Fundir al baño maría el chocolate con la leche, el azúcar y el agar agar en un recipiente pequeño. Batir la mezcla con las varillas para homogeneizarla. Verter en un cuenco los copos de arroz y echar encima lentamente el compuesto de chocolate fundido, mezclándolo todo. Verter la pasta en una bandeja de horno cubierta con papel sulfurizado y cocerla durante 5 minutos a 180 °C. Sacar la bandeja del horno y, antes de trocear el arroz inflado al chocolate o de cortarlo en barras, enfriar 10 minutos en el frigorífico.

Muesli con fruta fresca

Preparación: 10'   Dificultad: fácil

Para 4 personas:
80 g de copos de arroz, 80 g de copos de maíz,
80 g de copos de mijo, 150 g de plátano, 150 g de piña,
100 g de manzana, 100 g de kiwi, 50 g de piñones, 80 g de nueces,
100 g de miel, 500 g de yogur o de leche

Cortar la fruta fresca en trocitos pequeños, añadir los copos, los piñones, las nueces y la miel y mezclar con cuidado. Agregar yogur o leche al gusto.

Muesli con fruta seca

Preparación: 10'   Dificultad: fácil

Para 4 personas:

80 g de copos de arroz, 80 g de copos de maíz,
80 g de copos de mijo, 100 g de plátano deshidratado,
100 g de piña deshidratada, 100 g de albaricoques deshidratados,
100 g de pasas, 50 g de higos secos sin harina, 50 g de piñones,
80 g de nueces, 100 g de miel, 500 g de yogur o de leche

Cortar la fruta deshidratada en trocitos pequeños, añadir los copos, los piñones, las nueces y la miel y mezclar con cuidado. Agregar yogur o leche al gusto.

Muesli a la miel

Preparación: 10'   Dificultad: fácil

Para 4 personas:

100 g de copos de arroz, 100 g de copos de maíz,
15 g de semillas de sésamo, 30 g de semillas de girasol,
60 g de avellanas machacadas, 50 g de almendras sin cáscara,
50 g de ciruelas pasas, 50 g de uvas pasas sultanas,
50 g de higos desprovistos de harina,
500 g de yogur o de leche,
100 g de miel, 250 ml de agua

Mezclar los copos con el agua y dejar reposar unos minutos. Cortar en trocitos las almendras y la fruta seca. Añadir las semillas de girasol y de sésamo, las avellanas, las almendras, la fruta seca y la miel. Mezclar todo con cuidado y añadir yogur o leche al gusto.

Crocante de copos de maíz y fruta seca

Preparación: 15' Dificultad: fácil

Para 4 personas:
100 g de cornflakes,
300 g de azúcar, 200 g de miel, 30 g de pasas,
50 g de higos secos desprovistos de harina, 50 g de orejones,
50 g de ciruelas pasas, 40 g de semillas de sésamo,
40 g de almendras peladas*

Echar las almendras y el sésamo en una bandeja de horno y meterlas para que se sequen rápidamente al calor sin llegar a tostarse. En un recipiente grande, poner al fuego el azúcar y la miel con un poco de agua hasta obtener un caramelo claro, al que añadirá las almendras, el sésamo, la fruta seca troceada en fino y los cornflakes; mezclarlo. Verter el compuesto sobre una plancha de mármol untado de aceite o una bandeja cubierta con papel sulfurizado, extenderlo con una espátula mojada de agua y, antes de que se enfríe del todo, cortarlo en trozos pequeños.

Tortitas

Preparación: 25' Dificultad: fácil

100 g de maicena*, 100 g de leche, 50 g de harina de arroz,
50 g de fécula de patata*, 1 huevo, mantequilla, sal

Tamizar en un cuenco la maicena, la fécula y la harina de arroz. Añadir el huevo y un pellizco de sal, remover con una cuchara de madera y verter la leche lentamente, sin dejar de dar vueltas, sobre la mezcla hasta obtener un compuesto homogéneo. Untar una sartén mediana con mantequilla, ponerla a fuego lento y verter en ella un cucharón de la mezcla; mover la sartén para distribuirla de manera uniforme; tostar cada lado unos 2 minutos. Proceder del mismo modo hasta acabar con la masa. Servir con mermelada o chocolate.

Tortita de pan y melocotones

Preparación: 1 h   Dificultad: media

Para 4 personas:
100 g de mantequilla,
2 tazas de miga de pan, 5 melocotones,*
100 g de azúcar moreno, 1/2 limón

Lavar los melocotones, pelarlos y cortarlos en gajos. En un cazo, fundir 80 g de mantequilla y, una vez hecho esto, mezclarla con la miga de pan. A continuación, distribuir una tercera parte de esta mezcla sobre el fondo de una bandeja de horno untada de mantequilla. En otro recipiente, echar los melocotones, el azúcar, el zumo y la corteza del limón y mezclar bien. Verter la mitad de esta mezcla sobre la primera capa de miga de pan, añadir los melocotones restantes y echar el resto de la miga. Verter entonces media taza de agua caliente sobre los melocotones, cerrar la bandeja con papel de aluminio y hornear durante 25 minutos a 180 °C. Retirar el papel de aluminio y continuar la cocción otros 20 minutos.

Caprichos de mantequilla

Preparación: 25'   Dificultad: media

150 g de maicena, 80 g de mantequilla,*
2 huevos, 100 g de azúcar

Mezclar en un cuenco la mantequilla y el azúcar hasta obtener una crema espumosa. Añadir un huevo batido y la maicena tamizada y trabajarlo todo hasta lograr una masa blanda. Llenar con ella una manga de repostería y trazar con esta las formas deseadas en una bandeja de horno cubierta de papel sulfurizado. Hornear 10 minutos en un horno precalentado a 170 °C.

Pastas de almendra

Preparación: 40'   Dificultad: media

250 g de azúcar, 150 g de harina de almendras,
*1 huevo, corteza de naranja rallada, vainillina**, *mantequilla*

Verter en una cazuela la harina de almendras y el azúcar y mezclar bien los ingredientes con una cuchara de madera. Agregar lentamente, sin dejar de remover, un huevo batido, la corteza de naranja y un pellizco de vainillina. Mezclar con cuidado para obtener una masa consistente que se pueda extender luego con ayuda del rodillo. Echar la mezcla en una bandeja cubierta con papel sulfurizado y dejar reposar 15 minutos. Extenderla entonces con el rodillo hasta darle un espesor de unos 3 mm; cortarla con la forma deseada y colocar las pastas en una bandeja ligeramente engrasada. Cocerlas 10 minutos en el horno precalentado a 160 °C. Conservar las pastas en un lugar fresco, metidas en una caja metálica cerrada.

Pastas con gotas de chocolate

Preparación: 30'   Dificultad: fácil

*70 g de harina de arroz**, *70 g de maicena**,
*70 g de fécula de patata**, *80 g de mantequilla,*
80 g de azúcar, 1 huevo entero y 1 yema de otro,
*1 cucharadita de levadura en polvo para repostería**,
gotas de chocolate, sal

Ablandar la mantequilla, añadirla a la harina tamizada y a la levadura y mezclar bien. Agregar el huevo y la yema, el azúcar y un pellizco de sal. Formar una bola con la masa y dejarla reposar en el frigorífico 30 minutos; entonces, verter sobre la superficie de trabajo y estirar hasta lograr una lámina de 5 mm de grosor. Cortar las pastas con un molde y decorar con las gotas de chocolate; después, meterlas en horno precalentado a 180 °C hasta que comiencen a dorarse.

Galletas de chocolate con avellanas

Preparación: 1 h Dificultad: media

120 g de avellanas, 120 g de azúcar,
100 g de chocolate para fundir,*
3 claras de huevo, sal

Verter las claras en un cuenco grande, añadir un pellizco de sal y batir al punto de nieve. Con una cuchara de madera, mezclando de abajo a arriba, añadir el azúcar. Trocear las avellanas y el chocolate y añadirlos a la mezcla. Revestir con papel sulfurizado una bandeja de horno y distribuir la mezcla en pequeñas porciones, formando galletas del tamaño de una nuez. Cocerlas en horno precalentado a 180 °C durante 40 minutos.

Pastas de coco

Preparación: 50' Dificultad: media

200 g de harina de coco, 200 g de azúcar, 4 claras de huevo y 1 yema, sal*

Verter las claras en un cuenco grande y añadir un pellizco de sal; montarlas hasta el punto de nieve. En otro recipiente, batir la yema con el azúcar (pasado antes por el molinillo) hasta obtener una crema espumosa. Mezclar lentamente, con una cuchara de madera, las claras montadas a punto de nieve y la harina de coco tamizada,e ir incorporando progresivamente la yema con el azúcar hasta que todos los ingredientes hayan quedado perfectamente mezclados en una única masa. Extender con un rodillo la masa sobre la superficie de trabajo y dividirla en cuadrados de un grosor de 1 cm con el cortapastas. Por último, cocer 30 minutos en el horno precalentado a 160 °C.

Entremeses

Aceitunas al gusto

Preparación: 15'   Dificultad: fácil

Para 4 personas:

300 g de aceitunas verdes en salmuera,
1 diente de ajo, 1 guindilla, 1 cucharada de alcaparras,
hojas de menta, 3 cucharadas de aceite de oliva virgen extra,
1 cucharada de vinagre, 2 cucharaditas de orégano

Deshuesar las aceitunas (o comprarlas ya deshuesadas) y aplastarlas. Echarlas en un cuenco y añadirles el ajo troceado en fino, la guindilla picada, las alcaparras, un puñado de hojas de menta troceadas a mano, el aceite, el vinagre y el orégano. Mezclar bien y dejar reposar 4 horas para que las aceitunas tomen sabor.

Espuma de jamón

Preparación: 20'   Dificultad: fácil

Para 4 personas:

300 g de jamón cocido en una sola loncha,*
75 g de queso de Burgos, 100 ml de nata

Cortar cuatro tiras, del mismo tamaño y longitud que la loncha de jamón y reservar. Meter en la batidora el jamón restante, el queso de Burgos y la nata, y batir hasta obtener una mezcla homogénea. Cubrir cuatro moldes pequeños de cristal con papel de aluminio y verter la mezcla en ellos. Cerrar la superficie de los moldes con las tiras de jamón, cortándolas a la medida de cada uno de los recipientes. Cubrir cada uno de los moldes con film transparente y dejarlos reposar en el frigorífico durante 2 horas. Cuando se sirvan, desmoldarlos en una bandeja y guarnecerlos con lo que desee.

Naranjitas (croquetas redondas)

Preparación: 1 h 30'   Dificultad: media

Para 4 personas:

*150 g de arroz integral, 50 g de lentejas pequeñas,
500 g de caldo de verduras, 4 huevos,
100 g de copos de arroz*, 15 g de caldo de verduras en pastilla,
150 g de mozzarella, 100 g de tomates, 15 g de aceite de oliva virgen extra,
200 g de pan rallado sin gluten*, 150 g de harina de maíz*,
1 litro de aceite para freír, sal*

Poner en remojo el arroz integral durante toda la noche. Verter en frío el arroz en una cazuela con el caldo, y llevar a ebullición a fuego lento. Después de 20 minutos de cocción, añadir las lentejas y dejar cocer otros 45 minutos. Al final, añadir los copos de arroz, 2 huevos, la sal, el caldo de verduras y mezclar. Para el relleno, picar los tomates y la mozzarella y agregarles el aceite y la sal. Una vez que la masa se enfríe formar bolas con las manos, hacer un orificio en el centro con el dedo e introducir allí el relleno; cerrar el agujero con más arroz. Pasar las naranjitas por harina de maíz, huevo batido y pan rallado y freírlas en aceite abundante. Dejarlas reposar sobre papel de cocina para que suelten el exceso de aceite.

Pinchos de gambas y piña

Preparación: 10'   Dificultad: fácil

Para 4 personas:

1 piña madura, 300 g de gambas, pimentón, laurel, sal

Cocer las gambas en agua hirviendo con sal durante 3 minutos
con una hoja de laurel; dejar que se enfríen y pelarlas. Sazonarlas con un pellizco de sal y pimentón espolvoreado. Limpiar la piña eliminando la cáscara y el corazón, y cortarla en daditos. Preparar por último los pinchos alternando los dados de piña con las gambas.

Coles de Bruselas rellenas

Preparación: 30' Dificultad: fácil

Para 4 personas:
500 g de coles de Bruselas grandecitas,
1 cucharada de vinagre, 60 g de mantequilla,
1 pimiento rojo, 1 diente de ajo, 8 cucharadas de nata líquida,
perejil, eneldo, albahaca, mejorana, sal, pimienta

Cocer las coles de Bruselas con las hierbas aromáticas frescas y el vinagre durante 5 minutos en una cazuela con abundante agua salada. Colar las coles, picar la tercera parte y vaciar las restantes. Limpiar el pimiento y trocearlo. En una sartén, fundir 30 g de mantequilla y saltear el ajo durante 2 minutos; echar entonces las coles picadas y la nata líquida, salpimentar y dejar cocer 10 minutos removiendo a menudo. Rellenar las coles vaciadas con esta mezcla y rematarlas con un trocito de pimiento.

Croquetas de mijo y verduras

Preparación: 15' Dificultad: fácil

Para 4 personas:
3 vasos de mijo cocido,
3 vasos de verduras cocidas (patatas, zanahorias, pimientos, guisantes),
4 huevos, 1/2 vaso de queso parmesano rallado, 2 tazas de besamel,
harina de arroz, pan rallado sin gluten, aceite para freír, sal

Escurrir bien las verduras y hacerlas puré. Mezclar este puré con el mijo, 2 huevos, un poco de sal, el parmesano y la besamel. Con esta mezcla hacer croquetas de pequeñas dimensiones y rebozarlas con harina, con los 2 huevos restantes batidos y, por último, con pan rallado. Freírlas en abundante aceite caliente y, antes de servir, eliminar el exceso de aceite.

Ensalada griega

Preparación: 15' Dificultad: fácil

Para 4 personas:
100 g de lechuga romana, 50 g de pepino,
100 g de tomates en rama, 50 g de cebolla, 100 g de queso feta,
20 g de albahaca fresca, 100 g de aceitunas negras en salmuera,
aceite de oliva virgen extra, sal

Limpiar, pelar y picar las verduras en trozos grandes y echar en una ensaladera. Cortar el queso feta en daditos y agregarlo a los ingredientes que ya tiene, junto con las aceitunas negras y la albahaca. Aliñarlo todo con aceite y sal.

Ensalada caprese

Preparación: 10' Dificultad: fácil

Para 4 personas:
100 g de lechuga romana, 200 g de tomates,
200 g de mozzarella, 30 g de albahaca fresca,
aceite de oliva virgen extra,
pimienta, sal

Lavar y limpiar la lechuga y los tomates. Disponer la lechuga en un plato. Cortar los tomates en rodajas gruesas, trocear la mozzarella y dejar caer todo sobre la lechuga. Aliñar con la sal, la pimienta y el aceite, y decorar el centro del plato con las hojas de albahaca (también se puede trocear la albahaca y mezclarla con el resto de ingredientes).

Ensalada de tomate, mozzarella y atún

Preparación: 10'   Dificultad: fácil

Para 4 personas:
100 g de lechuga romana,
150 g de tomates, 50 g de mozzarella,
1 lata de bonito al natural,
50 g de aceitunas verdes,
aceite de oliva virgen extra, sal

Lavar y limpiar la lechuga y los tomates. Cortar la mozzarella y los tomates en daditos, echarlos en un cuenco y añadir la lechuga, el bonito y las aceitunas. Mezclarlo todo bien y reducir el atún a trozos pequeños. Aliñar con sal y aceite, y, si lo desea, con unas gotas de limón.

Ensalada mixta de la huerta

Preparación: 30'   Dificultad: fácil

Para 4 personas:
100 g de cogollos de lechuga,
100 g de zanahorias, 100 g de lechuga rizada,
250 g de tomates maduros, 200 g de mozzarella,
50 g de rábanos, 100 g de judías verdes, 150 g de patatas,
3 huevos, aceite de oliva virgen extra, albahaca fresca, sal, pimienta

Lavar y limpiar las hortalizas. Cocer al vapor las judías verdes y las patatas (quitándoles antes las hebras a las unas y pelando y troceando las otras). Cocer los huevos, pelarlos y dejarlos enfriar. Rallar las zanahorias y ponerlas en un plato de presentación con los cogollos, la lechuga rizada y los rábanos. Poner en el centro las hortalizas cocidas frías, la mozzarella cortada en daditos y los huevos duros picados. Aliñar con aceite, salpimentar y añadir la albahaca.

Tomates rellenos

Preparación: 30'   Dificultad: fácil

Para 4 personas:

6 tomates de pera maduros,
3 cucharadas de harina de maíz*, perejil,
1 cucharada de queso pecorino rallado,
1 cucharada de alcaparras,
1 diente de ajo, pan sin gluten rallado*,
aceite de oliva virgen extra, sal, pimienta

Cortar los tomates por la mitad y con una cucharilla sacarles la pulpa, las semillas y el agua, teniendo cuidado de no estropear la piel. Picar el perejil, el ajo y las alcaparras, echar el picadillo en un cuenco y añadir el queso pecorino y la harina de maíz. Mezclar bien, salpimentar y aliñar con aceite hasta obtener una masa blanda. Llenar con ella los tomates y espolvorear sobre ellos pan rallado. Colocar los tomates en una fuente pyrex engrasada y cocerlos 20 minutos en elhorno precalentado a 180 °C.

Fritada de habas al yogur griego

Preparación: 35'   Dificultad: fácil

Para 4 personas:

400 g de habas, 1 cebolla mediana,
2 dientes de ajo, 1/2 cucharadita de comino,
perejil, mejorana, 2 cucharadas de harina sin gluten, 1 huevo,*
8 cucharadas de aceite de sésamo, sal, pimienta

Para la salsa:

350 g de yogur griego, 1 pepino, menta fresca, sal, pimienta

Aplastar las habas, ya cocidas, en un cuenco grande. Agregar la cebolla rallada, el comino, 2 cucharadas de perejil picado, 2 cucharadas de mejorana picada, el huevo previamente batido, la sal y la pimienta, y mezclarlo todo. Formar medallones con la masa resultante, freírlos en aceite bien caliente y dejarlos enfriar 2 minutos sobre papel absorbente. Preparar la salsa mezclando el yogur con la menta picada y el pepino cortado en daditos; mezclarlo bien y salpimentar. Servir los medallones acompañados de esta salsa.

Croquetas de patata y queso

Preparación: 40'   Dificultad: fácil

Para 4 personas:

300 g de patatas, 1 rodaja de queso curado,
1 huevo, harina de maíz,*
aceite de oliva virgen extra, sal, pimienta

Hacer un puré espeso con las patatas. Cuando el puré se entibie, añadir un pellizco de sal y otro de pimienta, y amasar croquetas que no sean demasiado grandes, metiendo en su interior el queso cortado en trozos pequeños. Pasear las croquetas por harina y huevo batido y freírlas en aceite bien caliente.

Ñoquis de calabaza con espinacas

Preparación: 1 h Dificultad: media

Para 4 personas:

800 g de calabaza, 400 g de espinacas,
2 patatas medianas, 250 g de harina sin gluten,*
2 huevos, nuez moscada, queso parmesano rallado, sal, pimienta

Cortar la calabaza en rodajas y meterla al horno al menos durante 45 minutos a 150 °C para que se ablande. Entre tanto, cocer las patatas en agua salada. Pelar la calabaza y las patatas y pasar ambas por el pasapurés; añadir el huevo, la harina, la sal, la pimienta y una pizca de nuez moscada, y mezclarlo todo bien. La masa debe resultar homogénea, pero no demasiado compacta. Poner a hervir entonces 1,5 l de agua con sal: cuando esté lista, echar la masa preparada, cucharada a cucharada, hasta que se termine. Sacar los ñoquis del agua con una espumadera según vayan subiendo. Aparte, quitar los tallos de las espinacas, lavarlas con cuidado y cocerlas durante unos minutos en agua con un poco de sal. Echarlas en un colador, dejar que se enfríen, trocearlas y pasarlas por el pasapurés recogiendo el producto en un cuenco; mezclar con los ñoquis. Condimentar con mantequilla fundida y queso parmesano. Otra opción muy sabrosa es introducirlos en el horno con queso para gratinar y dejar que se forme una fina costra por encima de los ñoquis, o, también, preparar una salsa casera de tomate y verterla por encima de los ñoquis; igualmente puede hacerse una combinación de ambas.

Ñoquis con frutos secos

Preparación: 45' Dificultad: media

Para 4 personas:
250 g de sémola de arroz, 200 g de nueces,
200 g de almendras,
100 g de pasas sin gluten,
6 tomates, 50 g de mantequilla,
1 litro de leche, 2 huevos,
100 g de queso parmesano rallado,
nuez moscada, sal, pimienta

Machacar las nueces, las almendras y las pasas hasta reducirlas a trozos minúsculos, y, después, cortar los tomates en trozos pequeños. Una vez hecho esto, empezar a freír todo a fuego lento durante unos 20 minutos; apartar y reservar. Poner en una cazuela la leche con medio litro de agua y un pellizco de sal, calentarla a fuego alto y, en cuanto empiece a hervir, verter en ella, mezclando con las varillas, la sémola de arroz, teniendo cuidado de no formar grumos. Después de 10 minutos apagar el fuego y dejar que se temple. Añadir entonces las yemas de huevo, la pimienta, la nuez moscada y un poco de parmesano mezclando con cuidado. Humedecer con una pequeña cantidad de agua un plato llano grande, verter en él la mezcla y extenderla formando una capa de más o menos 1 cm de grosor, usando para ello la hoja humedecida de un cuchillo o una espátula. Dejar que se enfríe y cortar discos utilizando el borde de un vaso mojado. Colocar los discos en una fuente para horno untada de mantequilla superponiéndolos un poco unos a otros. Por último, verter la guarnición sobre los discos, aliñar con el parmesano restante y la mantequilla y meterlos al horno durante 15 minutos a 170 °C para que se doren.

Tallarines a la salsa de garbanzos

Preparación: 20'   Dificultad: fácil

Para 4 personas:

*350 g de tallarines, 200 g de garbanzos cocidos, 200 g de brécol,
250 g de puré de tomate, 1 diente de ajo pequeño,
aceite de oliva virgen extra, perejil, 1/2 guindilla, sal*

Preparar los tallarines siguiendo la receta básica. Para la salsa: sofreír en aceite y agua el diente de ajo entero y el perejil. Añadir los garbanzos cocidos, el brécol crudo cortado en rodajas finas, el puré de tomate y la guindilla picada; mantener cociendo durante 15 minutos y salar. Cocer los tallarines 5 minutos en agua con sal abundante, escurrirlos y agregarles la salsa.

Tallarines con setas y aceitunas

Preparación: 30'   Dificultad: media

Para 4 personas:

*350 g de tallarines, 2 dientes de ajo,
3 cucharadas de perejil, 8 cucharadas de aceite
de oliva virgen extra, 350 g de setas,
100 g de aceitunas negras, 8 hojas de menta,
6 cucharadas de agua hirviendo, sal, pimienta*

Preparar los tallarines siguiendo la receta básica. Sofreír en una sartén el ajo y el perejil picados con un poco de aceite. Añadir las setas cortadas a pedacitos y freír hasta que se evapore el líquido que estas suelten. Agregar entonces las aceitunas picadas, la menta, la sal, la pimienta y el agua hirviendo, y dejarlo cocer todo 5 minutos. Cocer los tallarines 5 minutos en agua con sal abundante, escurrirlos y mezclarlos con la salsa de manera que todos los tallarines queden cubiertos con ella. También se pueden servir espolvoreados con algún queso rallado, tipo parmesano o Grana Padano.

Tallarines a las nueces

Preparación: 20'   Dificultad: media

Para 4 personas:

350 g de tallarines, 500 g de nueces, 2 dientes de ajo, 8 cucharadas de aceite de oliva virgen extra, 120 g de perejil, sal, pimienta

Preparar los tallarines siguiendo la receta básica. Picar en el molinillo las nueces peladas, el ajo, el perejil y el aceite. Salpimentar. Cocer los tallarines durante 5 minutos en abundante agua con sal, escurrirlos y agregarles la salsa.

Arroz con pollo

Preparación: 40'   Dificultad: fácil

Para 4 personas:

200 gramos de arroz fino, 1 pimiento, 1/2 cebolla, 150 g de pechuga de pollo, caldo, azafrán, queso parmesano rallado, perejil, aceite de oliva virgen extra, mantequilla, sal, pimienta

Partir el pimiento por la mitad, quitarle las semillas, cortarlo en trozos grandes y sofreírlo junto con la cebolla picada en un poco de aceite. Freír a fuego lento durante 10 minutos hasta que la cebolla se ablande. Freír mientras tanto el pollo en un poco de aceite y cortarlo en pedacitos. Añadirle, primero, el arroz al pimiento y la cebolla y remover continuamente, y, después, el azafrán y el caldo (dos partes de caldo por cada una de arroz) y llevarlo a ebullición. Agregar entonces el pollo troceado y tapar. Reducir el fuego y tenerlo cociendo a fuego lento 20 minutos. Retirar el recipiente del fuego y dejar reposar unos 10 minutos sin quitar la tapa. Después, condimentar con virutas de mantequilla, el perejil picado y queso.

Risotto de achicoria

Preparación: 40' Dificultad: media

Para 4 personas:
250 g de arroz, 2 achicorias rojas,
1 cebolla pequeña, caldo,
aceite de oliva virgen extra, vino tinto,
queso parmesano rallado, mantequilla, sal, pimienta

Poner a calentar un poco de aceite en una sartén, echar en ella la cebolla picada y dejar pochar. Añadir la achicoria a la cebolla y sofreír unos 5 minutos. Incorporar entonces el arroz para que se dore durante otros 5 minutos. Salpimentar y añadir medio vaso de vino tinto. Continuar la cocción añadiendo poco a poco el caldo caliente para que el arroz vaya absorbiéndolo; tener al fuego 20 minutos. Cuando esté hecho, incorporar un poco de mantequilla y el queso rallado.

Risotto de ortigas

Preparación: 30' Dificultad: fácil

Para 4 personas:
250 g de arroz, 250 g de brotes de ortiga,
caldo, 1 cebolla, aceite de oliva virgen extra, sal, pimienta

Limpiar los brotes de ortiga y sumergirlos un par de minutos en abundante agua con sal hirviendo; escurrirlos y picarlos. Cortar la cebolla en rodajas finas y pocharlas en una sartén con un poco de aceite; verter el arroz en ella y dejar que se dore durante unos minutos, removiendo con cuidado. Salpimentar y cocer la mezcla añadiendo poco a poco el caldo caliente. Cocer durante 20 minutos, añadir las ortigas y mantener al fuego otros 5 minutos más. Pasado este tiempo retirar y dejar reposar unos minutos antes de servir. Se puede servir acompañado de un queso rallado.

Crepes de marisco

Preparación: 30'   Dificultad: fácil

Para 4 personas:

300 g de gambas, 300 g de langostinos,
2 dientes de ajo, perejil, 250 g de besamel,
1/4 de litro de nata líquida, 1/2 vasitc de coñac,
aceite de oliva virgen extra, sal, pimienta

Preparar las crepes. Lavar el marisco, secarlo y escaldarlo en una sartén durante 5 minutos, con una cucharadita de mantequilla, y picarlo. Sofreír en una sartén el ajo en unas cucharadas de aceite: cuando coja color, agregar el marisco picado, sazonar, verter el coñac y dejar que se evapore. Salpimentar. Preparar la besamel: cuando empiece a hervir agregarle el perejil picado y la nata. Distribuir en el centro de cada crepe una cucharada de la mezcla de marisco y doblarla en cuatro. Poner las crepes en una bandeja de horno engrasada, de forma que se superpongan un poco entre sí, cubrir con la besamel y añadir unas cuantas virutas de mantequilla. Mantener 10 minutos en un horno precalentadc a 200 °C.

Polenta a las hierbas aromáticas

Preparación: 1 h   Dificultad: fácil

Para 4 personas:

8 medidas de polenta, 1 cebolla,
1 diente de ajo, salvia, romero,
1/2 litro de besamel, queso parmesano rallado

Preparar la polenta (ver preparación básica) agregando al agua hirviendo con sal la salvia y el romero picados. Hacer la besamel. Engrasar una fuente para horno, cortar la polenta en rodajas y alternar capas de polenta, capas de besamel y parmesano rallado. Meter la bandeja en el horno durante unos 20 minutos a 180 °C. Antes de terminar la cocción, encender el grill para que la parte superior se dore y se haga una fina costra.

Pizza vegetal

Preparación: 40'   Dificultad: fácil

Para 4 personas:
1 berenjena, 1 diente de ajo, 1 cucharada de perejil, 150 g de calabacines, 20 aceitunas verdes, 150 g de queso pecorino, 12 tomatitos, 6 cucharadas de aceite de oliva virgen extra

Preparar la masa de la pizza. Saltear la berenjena cortada en dados con 4 cucharadas de aceite, el ajo y el perejil picado. Agregar los calabacines cortados en trozos pequeños y freír todo durante 10 minutos. Disponer esta fritura sobre la base de pizza añadiendo los tomatitos cortados en gajos, el queso pecorino troceado y las aceitunas enteras; condimentar con 2 cucharadas de aceite y meter la pizza durante 25 minutos en el horno precalentado a 180 °C.

Pastel de polenta y berenjenas

Preparación: 1 h   Dificultad: fácil

Para 4 personas:
300 g de harina de maíz, 300 g de puré de tomate, 200 g de requesón, 30 g de queso pecorino rallado, 3 berenjenas medianas, aceite de oliva virgen extra, 1 chalota, sal, pimienta

Preparar la polenta siguiendo la receta básica. Cuando esté fría, cortarla en rebanadas de 1 cm de grosor. Lavar, cortar en rodajas y hacer a la plancha las berenjenas. Picar la chalota y sofreírla con 4 cucharadas de aceite hasta que coja color; añadir el puré de tomate y el perejil y dejar cocer durante 10 minutos; salpimentar para terminar la salsa. En una fuente para horno ir alternando capas de rodajas de polenta con capas de berenjena, la salsa, el requesón y el queso pecorino espolvoreado; meter la bandeja en el horno precalentado y mantener durante 20 minutos a 200 °C.

Pastel de arroz, calabaza y espinacas

Preparación: 1 h Dificultad: fácil

Para 4 personas:
*50 g de harina sin gluten**, 300 g de calabaza,
100 g de arroz, 200 g de espinacas, 1/2 cebolla,
2 huevos, queso Grana Padano rallado,
100 g de requesón, aceite de oliva virgen extra,
mejorana, nuez moscada, sal*

Pelar la calabaza, retirar las semillas, rallarla y salarla. Envolverla en un paño limpio y dejarla reposar 30 minutos. Mientras tanto, preparar la pasta mezclando la harina con el aceite, un pellizco de sal y el agua fría necesaria para obtener una masa homogénea. Aparte, cocer el arroz en agua con sal durante 5 minutos, colarlo y echarlo a un cuenco. Picar finamente la cebolla y ponerla a pochar con 2 cucharadas de agua. Añadir las espinacas lavadas, un pellizco de sal y dejar cocer; cuando estén hechas colarlas y picarlas; unirlas al arroz, añadir la calabaza, el requesón, dos huevos enteros, un pellizco de nuez moscada, un puñado de mejorana y el queso rallado, y mezclarlo todo, añadiendo más sal si es necesario. Después, dividir la masa en dos partes, una más grande que la otra, y estirar ambas con ayuda del rodillo, formando láminas lo más finas posibles. Cubrir con la más grande una bandeja de horno previamente engrasada y enharinada y verter sobre ella la mezcla de arroz, calabaza y demás ingredientes. Cerrar el pastel con la lámina pequeña, sellando bien los bordes con los dedos humedecidos. Pinchar la superficie con un tenedor para que escapen los vapores de la cocción y pintarla con un poco de huevo batido. Mantener el pastel en el horno 40 minutos a 180 °C.

Pastel de crepes con verduras y jamón

Preparación: 1 h Dificultad: media

Para 4 personas:

Crepes, 100 g de calabaza, 5 patatas grandes, 3 berenjenas, 3 calabacines, 1 puerro, 25 g de aceitunas deshuesadas, 250 g de jamón cocido en una sola loncha, 50 g de queso de Burgos, 1 litro de besamel, queso parmesano rallado, tomillo, albahaca, aceite de oliva virgen extra, sal

Preparar las crepes y la besamel siguiendo las recetas básicas. Pelar las patatas, lavarlas, cortarlas en dados y cocerlas en una cacerola con abundante agua con sal. Lavar el puerro, eliminar la parte verde y cortarlo en rodajas lo más finas posibles. Dorar el puerro y las patatas en una sartén con 2 cucharadas de aceite, añadir la sal, pasar las verduras a un cuenco y, en la misma sartén, añadir 4 cucharadas de aceite y sofreír la calabaza cortada en trozos pequeños, el calabacín y las berenjenas durante 4 minutos, salando ligeramente. Después, juntar todas las verduras en un cuenco y aliñarlas con el tomillo, la albahaca y el aceite. Aparte, cortar el jamón en pequeños dados y añadirlo a las verduras. Echar todo en una sartén mediana y freír 10 minutos a fuego lento, removiendo a menudo para que no se pegue. En una bandeja, colocar la primer crepe y extender por encima una primera capa de verduras y jamón; encima de la capa de verduras y jamón distribuir besamel, aunque no en exceso; por último, coronar la besamel con trozos pequeños de queso de Burgos y queso parmesano rallado. Repetir este proceso hasta que se terminen todos los ingredientes (tanto las verduras, como la besamel y los quesos); la última capa, no obstante, debe ser de besamel recubierta de queso parmesano y aceitunas. Para finalizar, introducir la bandeja en un horno, precalentado a 180 °C, y mantener el pastel en cocción durante 25 minutos.

Estofado de verduras y castañas

Preparación: 30' Dificultad: fácil

Para 4 personas:

1 rodaja de calabaza, 400 g de corazón de berza, 4 zanahorias, 2 puñados de castañas frescas, 1 diente de ajo, 1 cebolla, semillas de hinojo, aceite de oliva virgen extra, sal

Hacer una incisión en la cáscara de las castañas y sumergirlas en agua hirviendo durante 5 minutos. Colarlas, pelarlas y volver a cocerlas en agua, esta vez aromatizada con abundantes semillas de hinojo. Echar en una sartén las zanahorias cortadas, una cucharada de aceite, el diente de ajo, la cebolla picada y medio vaso de agua y sofreír todo unos 4 minutos. Añadir la calabaza en dados, la berza en juliana y otra cucharada de aceite. Añadir sal si es necesario y seguir cociendo sin tapar hasta que la verdura quede tierna pero crujiente. En este momento, agregar las castañas con unas cuantas semillas de hinojo y dejar cocer otros 5 minutos. Sazonar con aceite crudo y servir.

Estofado de arroz integral y verduras

Preparación: 30' Dificultad: fácil

Para 4 personas:

3 tazas de arroz integral cocido, 2 cebollas medianas, 3 zanahorias, 150 g de champiñones, 2 pimientos verdes, 1 vaso de caldo de verduras, 2 vasos de puré de tomate, 150 g de aceitunas verdes, perejil, aceite de oliva virgen extra, sal

Picar las cebollas en fino y sofreírlas en una cazuela con un poco de aceite. Picar los pimientos, añadirlos a la cebolla y freír durante 5 minutos. Rallar las zanahorias, cortar los champiñones y unirlos a los pimientos, agregando también el caldo de verduras; echar la sal y dejar cocer a fuego lento hasta que las verduras se ablanden. Añadir el arroz, el puré de tomate, el perejil y las aceitunas, y prolongar la cocción 10 minutos más.

Gratinado de arroz con tomates y calabacines

Preparación: 45' Dificultad: fácil

Para 4 personas:
300 g de arroz, 300 g de mozzarella, 4 tomates de pera, 3 calabacines, 1 cebolla, albahaca, aceite de oliva virgen extra, sal

Cocer el arroz en abundante agua con sal, colarlo cuando esté al dente y sazonarlo con un chorro de aceite; dejarlo entibiar. Lavar los calabacines y picar uno junto con la cebolla. Añadir este picadillo al arroz y agregar también la albahaca. Verter el compuesto en el fondo de una fuente para horno ligeramente engrasada. Cortar los tomates en rodajas de medio centímetro de grosor aproximadamente y hacer lo mismo con los calabacines restantes y la mozzarella. Disponer las rodajas encima del arroz alternando los ingredientes de modo que monten unos sobre otros. Tener la bandeja 20 minutos en un horno precalentado a 180 °C.

Suflé de patatas

Preparación: 1 h Dificultad: fácil

Para 4 personas:
800 g de patatas, queso parmesano rallado, 100 ml de leche, 3 huevos, mantequilla, nuez moscada, sal, pimienta

Pelar las patatas, cortarlas en dados y echarlas en una cazuela; añadir una cucharadita de sal, cubrir con agua fría y dejarlas cocer hasta que estén tiernas. Después hacer un puré y añadir la leche fría. Mezclar bien, agregar los huevos batidos y el parmesano rallado y sazonar con sal, pimienta y nuez moscada. Removerlo todo. Echar este compuesto en una fuente para horno untada de mantequilla y oprimir la superficie con la parte convexa de una cuchara para formar ondulaciones. Hornear durante 30 minutos en un horno precalentado a 180 °C.

Sopa de legumbres

Preparación: 1 h Dificultad: fácil

Para 4 personas:

50 g de guisantes, 50 g de judías pintas,
50 g de garbanzos, 50 g de trigo sarraceno, 100 g de arroz integral,
100 g de cebolla, 100 g de zanahorias, 50 g de patatas,
aceite de oliva virgen extra, 10 g de caldo de verduras en pastilla, sal

Poner en remojo las legumbres y los cereales durante 12 horas y eliminar después el agua. Lavar y cortar en daditos la cebolla, las zanahorias y las patatas. Echar en una cazuela grande las legumbres y los cereales que se han tenido en remojo, añadir las verduras y cubrir con una cantidad de agua equivalente a tres veces el volumen de lo que ha remojado. Llevar la cazuela a ebullición, taparla y dejarla cocer a fuego medio durante 40 minutos; no retirar del fuego hasta comprobar el punto de los garbanzos. Sazonar con la pastilla de caldo de verduras y la sal. Antes de servir, aliñar con un chorro de aceite crudo.

Sopa de trigo sarraceno y verduras

Preparación: 40' Dificultad: fácil

Para 4 personas:

1 litro de agua, 100 g de trigo sarraceno, 1 pastilla de caldo
de verduras, 1 cebolla, 50 g de verduras mixtas, 1 ramillete de hierbas
aromáticas, aceite de oliva virgen extra, sal

Tras lavar el trigo sarraceno, cocerlo en agua con el caldo de verduras durante 10 minutos. Añadir el ramillete, las verduras cortadas finas y la cebolla picada. Sazonar con sal y dejar cocer hasta que las verduras se ablanden pero tengan aún un punto crujiente. Antes de servir, agregar el aceite y decorar con las hierbas aromáticas.

Segundos platos

Pavo con moras

Preparación: 55' Dificultad: fácil

Para 4 personas:

700 g de carne de pavo, 250 g de moras, salvia, romero, 1 cebolla, perejil, albahaca, mejorana, aceite de oliva virgen extra, 1 cucharadita de azúcar, sal, pimienta

Sazonar la carne de pavo con sal y pimienta. Disponerla en una bandeja de horno con una ramita de romero y unas cuantas hojas de salvia; regarla con aceite, hornear durante 10 minutos a 200 °C, y bajar después la temperatura a 180 °C. Proseguir la cocción 30 minutos más, dándole la vuelta a la carne de cuando en cuando. Por otra parte, echar las moras en una cazuela con medio litro de agua y cocerlas tapadas durante 4 minutos. Colarlas, reservar una decena y machacar las otras. Mezclar el puré de moras con el azúcar. Cortar la carne, cubrirla con la salsa de moras y decorarla con las moras enteras que se habían reservado.

Rosbif

Preparación: 40' Dificultad: fácil

Para 4 personas:

6 raciones de lomo de buey deshuesado, sal

Colocar en una fuente para horno el lomo de buey, añadir medio vaso de agua y meterla en el horno precalentado a 200 °C. Dar vueltas a la carne de cuando en cuando y, pasados 15 minutos, sacar del horno y salar. Volver a meterla en el horno y dejarla cocer 5 minutos por cada lado. Para controlar el punto de cocción pinchar con un tenedor: si sale un jugo rosado está en su punto. Servirlo frío y cortado en lonchas finas.

Cordero a la mejorana

Preparación: 1 h Dificultad: media

Para 4 personas:
1 kilo de paletilla o de pierna de cordero,
400 g de tomates maduros, 50 g de panceta*,
25 g de mantequilla, 3 zanahorias, 1 penca de apio,
1 cebolla, 1 ramillete de mejorana, perejil,
1 pellizco de harina sin gluten, caldo, vinagre,
aceite de oliva virgen extra, sal, pimienta

Picar la panceta junto con las zanahorias, la cebolla, el apio y la mejorana en pedazos grandes, de unos 3 cm, más o menos. El cordero, por su parte, debe cortarse en trozos medianos y, una vez hecho esto, ha de mantenerse en remojo durante 10 minutos, en una mezcla de agua fría y vinagre. Transcurrido este tiempo, sacar el cordero del remojo, escurrirlo y dejarlo secar. Cuando ya esté seco, pasarlo rápidamente por la harina para darle un ligero rebozado. Entonces, poner una cazuela con la mantequilla y un poco de aceite al fuego, echar en ella el cordero y dorarlo. Sazonar con sal y pimienta y bañarlo con un poco de caldo para que adquiera un sabor más consistente; cuando el caldo se haya evaporado y el cordero se haya dorado bien, escurrir la grasa de la cocción y reservar la carne. Agregar al fondo de cocción las verduras picadas y la panceta y rehogarlas a fuego lento. Devolver el cordero a la cazuela y, 5 minutos más tarde, agregar el tomate pasado por el pasapurés. Recubrir todos los ingredientes con el caldo, tapar la cazuela y remover a menudo. Cuando finalice la cocción, espolvorear el guiso con perejil picado y servir.

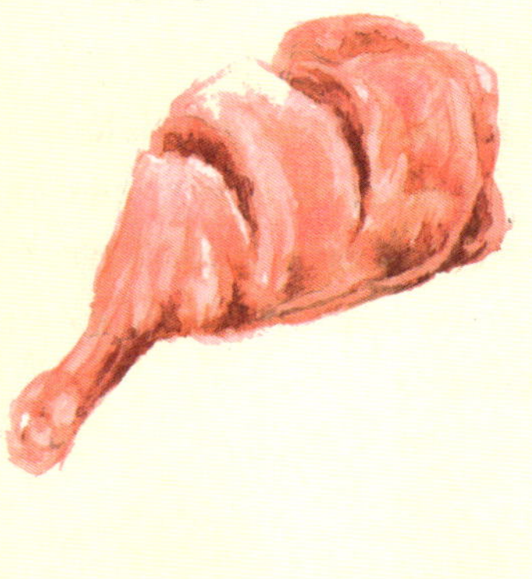

Albóndigas a la italiana

Preparación: 40' Dificultad: fácil

Para 4 personas:

4 cucharadas de harina sin gluten,
400 g de carne de cerdo picada, 130 g de arroz,
1 pastilla de caldo de verduras, pan rallado sin gluten,
8 cucharadas de queso parmesano rallado,
4 huevos enteros, aceite para freír, sal

Hervir el arroz en agua con sal con la pastilla de caldo de verduras. En una sartén antiadherente, freír la carne picada sin aceite ni mantequilla. Pasar la carne a un cuenco y añadirle el arroz, el parmesano, la harina y los huevos, mezclándolo bien todo. Echar sal al gusto. Con este preparado formar albóndigas no demasiado grandes, pasarlas por el pan rallado sin gluten y freírlas en aceite muy caliente. Se pueden servir recién sacadas de la sartén o frías, acompañadas de la guarnición que prefiera.

Pollo al aceto

Preparación: 20' Dificultad: fácil

Para 4 personas:

2 cebollas grandes, 200 g de pechuga de pollo, harina sin gluten,
aceite de oliva, vinagre de vino blanco (aceto), azúcar, sal

Cortar la cebolla en rodajas finas, salarla y sofreírla en aceite de oliva sirviéndose de una sartén antiadherente de buen tamaño. Mientras tanto, cortar la pechuga de pollo en tiras largas y finas; rebozarlas en harina sin gluten ligeramente salada y echarlas en la sartén junto a la cebolla bien pochada. Casi al final de la cocción, añadir el azúcar y el vinagre de vino blanco para obtener el sabor agridulce característico del aliño.

Rollitos de carpaccio con beicon

Preparación: 20'   Dificultad: fácil

Para 4 personas:

500 g de carpaccio de ternera,
100 g de provolone, 50 g de beicon,*
aceite de oliva virgen extra, 20 g de mantequilla,
50 g de harina sin gluten, 200 ml de vino blanco, sal, pimienta

Extender en una bandeja las lonchas de carpaccio y colocar sobre cada una finas lonchas de beicon y dos daditos de provolone. Envolver las lonchas de carne y sujetarlas con palillos; rebozar en harina. Calentar el aceite y la mantequilla en una sartén antiadherente y dorar estos «envoltorios» a fuego alto durante 5 minutos dándoles la vuelta con frecuencia. Cuando estén bien dorados sazonar con sal y pimienta, bañar con el vino, dejar evaporar y cocer 5 minutos más. Servir con su fondo de cocción y calientes.

Pinchos de ternera al azafrán

Preparación: 25'   Dificultad: fácil

Para 4 personas:

600 g de carne de ternera,
2 sobrecitos de azafrán, 1 limón,
4 cucharadas de aceite de oliva virgen extra, 1 cebolla, sal

Echar en un cuenco grande el aceite, el limón, la sal, el azafrán y la cebolla picada en fino. Mezclarlo todo para amalgamar bien los ingredientes. Cortar la carne en tiras de 1 cm de espesor y 3 cm de largo, e introducirlas en el aliño 30 minutos para que tomen sabor. Transcurrido este tiempo, escurrirlas y ensartarlas en 10 espetones largos. Verter el aliño en una bandeja de horno, poner encima los pinchos, cubrir con papel de aluminio y cocer durante 10 minutos a una temperatura de 180 °C.

Tabulé de quinua

Preparación: 25'   Dificultad: fácil

Para 4 personas:

150 g de quinua, 1 limón, 1 ramita de menta, 1 ramillete de albahaca, 1 cucharada de cebolla, 1/2 pimiento verde, 1/2 pimiento rojo, 100 g de queso, 50 g de aceitunas verdes, tomatitos, aceite de oliva virgen extra, sal, pimienta

Enjuagar la quinua y poner a cocer un volumen de agua fría con sal que doble el de cereal en una cazuela mediana. Cuando hierva, tapar la cazuela y mantenerla al fuego durante unos 10 minutos. Colarla y echarla en un cuenco con el zumo del limón. Dejar que se enfríe casi por completo, pelarla y añadir un picado de cebolla, albahaca y menta. Agregar a todo ello los pimientos cortados en pedacitos y dejar reposar en el frigorífico un par de horas. Transcurrido este tiempo, añadir los tomates troceados, las aceitunas, el queso en dados y un chorro de aceite de oliva virgen extra. Salpimentar y servir.

Tartitas a la tirolesa

Preparación: 30'   Dificultad: fácil

Para 4 personas:

800 g de patatas, 100 g de beicon, 100 g de queso gruyer, queso parmesano rallado, 100 ml de nata líquida, mantequilla, sal, pimienta*

Pelar las patatas y cortarlas en rodajas de 4 mm de grosor aproximadamente. Echarlas en una cazuela, cubrir con agua fría y salar. Llevarlas a ebullición y dejar cocer durante 2 o 3 minutos; colarlas con cuidado procurando no romperlas. Engrasar una fuente para horno e ir colocando en ella alternativamente capas de patata, nata, lonchas de beicon y queso gruyer, terminando con parmesano espolvoreado. Añadir unas cuantas virutas de mantequilla y salpimentar al gusto. Cocer unos 20 minutos en un horno precalentado a 180 °C.

Tortilla de patata al romero

Preparación: 20' Dificultad: fácil

Para 6 personas:

4 huevos, 2 patatas medianas,
1 ramita de romero,
2 cucharadas de harina sin gluten,
aceite de oliva virgen extra, mantequilla,
sal, pimienta

Pelar y lavar las patatas; dejarlas en agua 15 minutos y después freírlas a fuego lento durante 20 minutos. Rallarlas en grueso sobre un cuenco y agregar la harina. Mezclar bien los dos ingredientes. Aparte, batir los huevos y añadir la sal, la pimienta y el romero picado. Unir la mezcla a las patatas y revolver bien. Poner un poco de aceite y de mantequilla en una sartén antiadherente de borde alto y comenzar a verter la mezcla hasta que alcance un grosor de 1 cm, más o menos. Cuajar por ambos lados y servir bien caliente.

Patatas con jamón y queso

Preparación: 40' Dificultad: fácil

Para 4 personas:

8 patatas pequeñas, 8 lonchas de jamón cocido,*
8 lonchas anchas de queso gruyer,
aceite de oliva virgen extra, sal, pimienta

Hervir las patatas en abundante agua salada, pero retirarlas antes de que se ablanden demasiado (no tienen que romperse) y, después, pelarlas. Cortar el queso gruyer en trozos medianos e ir envolviendo cada una de las patatas en jamón cocido y en queso, sujetándolas con palillos. Disponerlas entonces en una bandeja de horno engrasada, precalentar el horno a 170 °C y meterlas 10 minutos para que cuezan.

Berenjenas rellenas

Preparación: 40' Dificultad: fácil

Para 4 personas:

6 berenjenas medianas, 1 vaso de arroz integral, 600 ml de caldo de verduras, 4 dientes de ajo, 1 cebolla, perejil, 150 gramos de queso parmesano rallado, aceite de oliva virgen extra, sal, pimienta

Abrir las berenjenas con un corte longitudinal; salarlas y regarlas con un poco de aceite. Colocarlas en una bandeja y meterlas en el horno a 150 °C para que cuezan hasta que se doren sin quemar la piel. Dejarlas enfriar y extraer la pulpa con cuidado; triturar esta y reservarla. En una sartén grande sofreír el ajo y la cebolla, picada en fino, hasta que se doren. Agregarles la pulpa de berenjena, el arroz, el perejil picado y el caldo. Mezclar bien y seguir cociendo 20 minutos. Rellenar las berenjenas con esta mezcla y colocarlas en una bandeja para horno engrasada. Cubrirlas con el parmesano rallado y gratinar en el horno hasta que se doren y comience a formarse una fina costra.

Lentejas estofadas al romero

Preparación: 50' Dificultad: media

Para 4 personas:

250 g de lentejas secas, 50 g de cebolla, romero, 1 diente de ajo, 1 pastilla de caldo de verduras, 150 g de salsa de tomate, aceite de oliva virgen extra, sal

Lavar las lentejas, dejarlas en remojo durante 6 horas y luego escurrirlas. Pochar en una cazuela, utilizando la mitad de aceite y la mitad de agua, un picadillo de cebolla durante 3 minutos y verter en él las lentejas. Añadir entonces una cantidad de agua fría equivalente a dos veces el volumen de las lentejas remojadas y agregar el romero, el ajo picado, la salsa de tomate y la pastilla de caldo. Tapar la cazuela y dejarlas cocer a fuego medio 40 minutos.

Pimientos rellenos

Preparación: 1 h Dificultad: fácil

Para 4 personas:

2 pimientos rojos, 2 pimientos amarillos,
3 calabacines, 1 huevo, 1 cebolla,
300 g de requesón, 1 cucharada de vinagre,
20 g de pan rallado sin gluten,
60 g de queso Grana Padano rallado,
aceite de oliva virgen extra,
1 diente de ajo, 1 ramita de tomillo, orégano,
sal, pimienta

Cortar el extremo de los pimientos donde se inserta el tallo y reservarlo; limpiarlos con cuidado extrayendo todas las semillas. Lavar los calabacines y rallarlos en grueso. Picar la cebolla y el ajo y sofreír en dos cucharadas de aceite. Incorporar los calabacines, un pellizco de orégano, sal y pimienta; mezclarlo todo y ponerlo a cocer a fuego alto durante 5 minutos. En un cuenco mezclar el requesón, los calabacines, el pan rallado, el queso, el huevo, el tomillo, la sal y la pimienta. Rellenar los pimientos con esta mezcla cerrándolos con el apéndice que había reservado antes; poner al fuego una bandeja de bordes altos y provista de tapa con 4 cucharadas de aceite, escaldar los pimientos en ella y meterla tapada en el horno, donde proseguirá la cocción a 180 °C unos 50 minutos. Sacarla entonces del horno; separar el caldo, añadir el vinagre, mezclar bien y retirar del fuego. Regar los pimientos con esta salsita y servir.

Tortilla paisana

Preparación: 25' Dificultad: fácil

Para 4 personas:

100 g de salchichas, 100 g de requesón,
8 huevos, 2 patatas, 1 cebolla, 1 calabacín,
1 puerro, aceite de oliva virgen extra,
queso parmesano rallado, perejil picado, sal, pimienta*

Pelar las patatas, cortarlas en dados y echarlas en una sartén con agua con sal fría. Llevarlas a ebullición y cocerlas durante 10 minutos. Pelar la cebolla y cortarla en rodajas lo más finas posibles, hacer lo mismo con el puerro y el calabacín y trocear las salchichas. Batir los huevos con una cucharadita de sal, el requesón, una cucharada de parmesano rallado y un pellizco de pimienta. Sofreír la salchicha en una sartén con un poco de aceite, añadir la cebolla y el puerro y dejar que se haga despacio hasta que todo esté dorado; agregar las patatas y cocer a fuego medio durante 10 minutos. Sacar el revuelto y verterlo en un cuenco. Por último, mezclar los huevos con el resto de ingredientes, revolver y echar todo en una sartén con dos cucharadas de aceite; cuajar la tortilla a fuego medio hasta que alcance la consistencia justa.

Sepia rellena

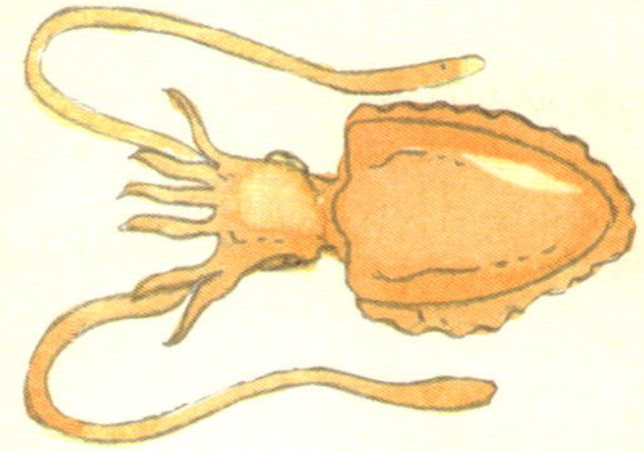

Preparación: 1 h 10′ Dificultad: media

Para 4 personas:

sepias (unos 800 g), pan rallado sin gluten, perejil, 1 diente de ajo, aceite de oliva virgen extra, vino blanco seco, sal

Limpiar la sepia retirando la cabeza y cortando los dos tentáculos más largos, de los que cortará trozos grandes. Para el relleno, mezclar pan rallado, perejil y ajo picados, los tentáculos y un poco de aceite de oliva para unir los ingredientes. Rellenar las sepias con cuidado; para que el relleno no se salga en el transcurso de la cocción, coser la parte superior con hilo de cocina y reforzar el cierre con palillos. Colocar en una cazuela con aceite y cubrir por lo menos hasta la mitad con vino blanco. Dejar cocer a fuego lento una hora aproximadamente: si el vino se evapora demasiado rápido, tapar la cazuela. Servir recién sacado del horno.

Bolitas de arroz y salmón

Preparación: 50′ Dificultad: fácil

Para 4 personas:

2 cucharaditas de semillas de sésamo, 50 g de salmón ahumado, 2 cebollitas, 2 cucharadas de jengibre, 4 tazas de arroz, sal

Verter el arroz en un colador y enjuagarlo bien debajo del grifo. Echarlo entonces en una cazuela grande y añadir agua fría con sal (doble cantidad de agua que de arroz); llevar a ebullición, tapar y bajar el fuego. Mezclar en un cuenco el salmón troceado junto con las cebollitas en rodajas y el jengibre picado. Con las manos húmedas, formar una bola de arroz de un tercio de taza, insertar en el centro dos cucharadas de la mezcla de salmón y darle de nuevo forma esférica. Repetir la operación con el resto del arroz y el salmón. Servir las bolas de arroz espolvoreadas con semillas de sésamo.

Carpaccio de salmón y lubina

Preparación: 20'   Dificultad: media

Para 4 personas:

*400 g de salmón en filetes, 400 g de lubina en filetes, 1 limón,
5 bayas de enebro, 3 clavos de olor, 2 hojas de laurel, tomillo fresco,
200 g de rúcula, 10 ml de coñac,
150 ml de aceite de oliva virgen extra, sal, pimienta rosa*

Poner en una bandeja la pimienta rosa, el zumo del limón, las bayas de enebro, los clavos, el tomillo, el laurel, el coñac y una tercera parte del aceite (esto es el adobo). Limpiar el pescado, salarlo por ambos lados y marinarlo en el adobo. Dejarlo reposar en el frigorífico 24 horas, dándole la vuelta de vez en cuando. Cortar un trozo de papel sulfurizado de unos 40 cm de largo y superponerle una medida igual de film transparente. Unir los filetes de lubina a los de salmón y colocarlos sobre el film transparente: enrollarlos y meterlos en el congelador durante 6 horas. Descongelar durante 10 minutos. Para decorar el plato, colocar la rúcula sobre las lonchas de carpaccio y regar todo con el adobo.

Truchas al horno con patatas

Preparación: 30'   Dificultad: fácil

Para 4 personas:

*4 truchas asalmonadas pequeñas, 5 patatas grandes, salvia,
romero, aceite de oliva virgen extra, sal*

Cortar las patatas en dados, limpiar las truchas y eviscerarlas. Seguidamente, rellenarlas con la sal, la salvia y el romero picados; sazonar con un chorro de aceite y envolver cada pescado en papel de aluminio. Colocar las truchas en una bandeja grande y agregar las patatas en dados. Espolvorear la sal y el romero y regar con aceite para que cuezan en un horno precalentado a 180 °C durante 25 minutos, aproximadamente, dándoles la vuelta regularmente.

Langostinos al vinagre balsámico con verduras

Preparación: 50'   Dificultad: fácil

Para 4 personas:

8 langostinos medianos, 20 ml de vinagre balsámico, 20 ml de coñac, 20 g de maicena, 300 ml de agua, 500 g de zanahorias nuevas, 100 g de chalotas, 100 g de espárragos, 400 g de calabacines, aceite de oliva virgen extra, sal, pimienta*

Para preparar la salsa, dorar durante 3 minutos las chalotas en un poco de aceite y espolvorear pequeñas cantidades de maicena sobre ellas (dejando que se tueste); después bañarlo todo con coñac y esperar hasta que este se evapore; una vez que se haya ido todo el coñac, verter agua y mezclarlo todo muy bien. Cuando toda esta última mezcla se haya reducido, pasarla por el colador, separando las chalotas del caldo que haya quedado, y reservar. Ahora, rehogar las zanahorias (cortadas en círculos) con un poco de aceite a fuego lento, y añadir las chalotas, picadas en fino, y los calabacines y los espárragos troceados en pedazos grandes. Llevarlo todo a fuego medio y añadir un poco de agua de vez en cuando según su gusto se decante por lo caldoso o lo espeso. Cuando concluya la cocción, agregar a las verduras la salsa y reducir. Para preparar los langostinos, quitar la cola, dorar en una sartén a fuego lento con un poco de aceite durante 5 minutos, añadir el vinagre balsámico y dejar evaporar. Después, colocar los langostinos encima de las verduras pochadas. Como toque final, antes de servir, aliñar el plato con un chorrito de aceite crudo y unas gotas de vinagre balsámico.

Pescadilla con salsa de pimientos

Preparación: 40'   Dificultad: fácil

Para 4 personas:
4 rodajas gruesas de pescadilla,
1 pimiento rojo grande,
1 chalota, 8 cebollitas frescas de tallo verde,
1 ramita de tomillo, 1 cucharadita de mantequilla,
2 cucharadas de aceite de oliva virgen extra,
1 diente de ajo, 1 tazón de caldo de verduras, sal, pimienta

Lavar las rodajas de pescadilla, secarlas, salpimentar un poco y dejarlas reposar en un plato. Lavar el pimiento, cortarlo por la mitad, retirar las semillas y trocearlo. Cortar en rodajas finas la chalota, dorarla delicadamente en una sartén con una cucharada de aceite y añadir el pimiento. Dejar que tomen sabor durante 4 minutos, añadiendo sal si es necesario, agregar un cucharón de caldo de verduras y dejar cocer a fuego medio durante 15 minutos. Tras ello, incorporar entonces las hojitas de tomillo, añadiendo más caldo si hace falta, ya que la salsa ha de tener una textura cremosa. Pasarla por el colador y reservarla en un sitio caliente. Pelar, lavar y secar las cebollitas, conservando parte del verde. Fundir la mantequilla en una sartén antiadherente, echar las cebollitas y dejar que se doren. En este momento, añadir la pescadilla y hacerla por ambas caras. Distribuir el pescado y las cebollitas en cuatro platos y verter a un lado de cada ración un poco de la salsa cremosa de pimientos.

Guarniciones

Espuma de guisantes

Preparación: 30' Dificultad: media

Para 4 personas:

500 g de guisantes, 1 cebolla,
500 g de queso de cabra, aceite de oliva virgen extra,
perejil, sal, pimienta

Cocer los guisantes y la cebolla en una cazuela grande con 2 litros de agua con sal durante 15 minutos. Cuando pase este tiempo, pelar las verduras y echarlas en un cuenco grande; añadir entonces el queso de cabra y el aceite de oliva virgen extra, pasarlo todo por un pasapurés para obtener una crema suave y salpimentar. Recubrir un molde de horno con film transparente y verter en él la crema de guisantes teniendo cuidado de no dejar espacios vacíos. Meterla en el frigorífico durante 2 horas. Desmoldarla sobre una bandeja, adornar con perejil y servir.

Zanahorias al perejil

Preparación: 45' Dificultad: fácil

Para 4 personas:

800 g de zanahorias nuevas, aceite de oliva virgen extra,
una cucharada de fécula de patata, perejil, sal*

Limpiar y lavar las zanahorias y luego cortarlas en rodajas. Ponerlas en una cazuela con 5 cucharadas de aceite y sal, añadir un par de cucharones de agua, taparlas y cocer a fuego medio durante 30 minutos. Después, espolvorear la fécula sobre las zanahorias, mezclar bien y, pasados 5 minutos, agregar el perejil picado. Darles unas últimas vueltas y servir.

Cebollitas agridulces

Preparación: 45'   Dificultad: fácil

Para 4 personas:

1 kilo de cebollitas, 375 ml de vino blanco, 750 ml de vinagre de vino, 250 ml de vinagre balsámico, 200 g de azúcar, 5 cucharadas de aceite de oliva virgen extra, 10 clavos de olor, 2 hojas de laurel, 1 cucharadita de pimienta negra en grano

En una cacerola mediana llevar a ebullición el vino, el vinagre blanco, el vinagre balsámico, el azúcar, el aceite, los clavos de olor, el laurel y la pimienta. Agregue las cebollitas y deje cocer 10 minutos; transcurrido este tiempo, sáquelas y resérvelas en un recipiente de cristal. Lleve de nuevo el líquido restante a ebullición y hiérvalo 20 minutos más. Viértalo después sobre las cebollitas y deje que se enfríen. Cierre el recipiente y téngalas en el frigorífico una semana antes de consumirlas.

Sauerkraut (col fermentada; también llamada chucrut)

Preparación: 1 h 10'   Dificultad: fácil

Para 4 personas:

1 kilo de repollo en salmuera, 1 y 1/2 cebollas, 1 hoja de laurel, 1 diente de ajo, 5 granos de pimienta negra, 2 bayas de enebro, 1 cucharada de harina sin gluten, 100 g de beicon cortado en dados*, mantequilla, 1 vaso de vino blanco, sal, pimienta*

Lavar el repollo, echarlo en una cazuela y cubrir (no totalmente, tan solo un poco) con agua y vino blanco. Añadir media cebolla, las hojas de laurel, el ajo, la pimienta en grano y las bayas de enebro, y cocer lentamente durante una hora, hasta que el líquido se consuma. Sofreír en una sartén la cebolla picada con un poco de mantequilla, añadir el beicon y espolvorearlo con la harina sin gluten; dorarlo todo y agregar este sofrito al repollo, removiendo debidamente. Añadir sal y pimienta si es necesario y servir.

Alcachofas marinadas

Preparación: 20' Dificultad: fácil

Para 4 personas:

12 alcachofas, 300 ml de vinagre de vino blanco, 200 ml de agua, 2 hojas de laurel, aceite de oliva virgen extra, 5 granos de pimienta blanca, sal

Limpiar las alcachofas, cortarlas por la mitad y hervirlas durante 5 minutos en agua con sal y vinagre, aromatizada con el laurel y la pimienta. Colar y secar sobre papel absorbente y colocar, recubiertas de aceite, en un recipiente de cristal hermético. Dejar reposar un mes completo antes de consumir.

Ratatouille

Preparación: 2 h 10' Dificultad: fácil

Para 4 personas:

4 berenjenas, 4 calabacines, 2 pimientos, 4 tomates maduros, 2 cebollas, 5 dientes de ajo, albahaca, 6 cucharadas de aceite de oliva virgen extra, sal y pimienta negra molida

Para preparar este plato de origen francés (similar al pisto español) se empieza por lavar las verduras. Después, echar la mitad del aceite en una cazuela de barro con la cebolla cortada muy fina y pochar a fuego lento. Trocear las berenjenas y los calabacines y saltear en una sartén a fuego alto con el aceite restante. Trasladar las berenjenas y los calabacines a la cazuela de las cebollas, agregar los pimientos troceados y sofreír todo 5 minutos removiendo con una cuchara de madera. Añadir entonces los tomates troceados, el ajo en láminas y algunas hojas de albahaca. Condimentar con sal y pimienta negra molida, tapar y dejar cocer a fuego medio unas 2 horas, removiendo regularmente para evitar que el guiso se apelmace.

Tomates en verde

Preparación: 25'   Dificultad: fácil

Para 4 personas:

8 tomates maduros,
2 dientes de ajo, perejil, sal

Cortar horizontalmente por la mitad los tomates, salarlos y dejarlos escurrir en un colador. Pinchar con un tenedor la piel de los tomates y colocarlos en una cazuela con un poco de aceite. Espolvorear sobre cada uno de ellos un picadillo de perejil y ajo; salar. Cocer a fuego lento unos 20 minutos y servir.

Pastel de alcachofas

Preparación: 1 h   Dificultad: fácil

Para 4 personas:

400 g de alcachofas, 2 huevos, 1/2 cebolla, 150 g de requesón,
queso parmesano rallado, aceite de oliva virgen extra,
*mantequilla, pan rallado sin gluten**

Limpiar las alcachofas y trocearlas. Echarlas en una sartén con un poco de aceite, mantequilla, la cebolla picada y la sal, y dejar que tomen sabor. Montar a punto de nieve las claras con un pellizco de sal. En otro cuenco, mezclar las yemas y el requesón con el parmesano rallado, y añadir las alcachofas y las claras montadas. Engrasar una fuente de horno y espolvorearla con pan rallado: verter en ella lo que acaba de preparar y tenerla durante 35-40 minutos en el horno precalentado a 180 °C hasta que se gratine y aparezca una fina costra.

Calabacines a las finas hierbas

Preparación: 30'   Dificultad: fácil

Para 4 personas:
500 g de calabacines, 1 diente de ajo, aceite de oliva virgen extra, 8 hojas de albahaca, 4 hojas de menta, sal, pimienta

Cortar el ajo en láminas y saltearlo en una sartén junto con los calabacines, cortados en rodajas finas, con un poco de aceite durante unos 10 minutos. Salpimentar. Picar la albahaca y la menta, echarlas en un cuenco y mezclarlas con una cucharada de aceite. Unir las hierbas a los calabacines, darles unas vueltas, retirarlos del fuego y servir.

Coliflor en amarillo

Preparación: 40'   Dificultad: fácil

Para 4 personas:
1 coliflor, 1 cebolla, 2 sobrecitos de azafrán, 80 g de mantequilla, queso parmesano rallado, perejil, sal, pimienta

Lavar, quitarle las hojas verdes y dividir en pencas la coliflor; cocerla en agua salada hasta que esté al dente. En una cazuela grande sofreír la cebolla picada en fino en mantequilla y, cuando ya esté pochada, agregar la coliflor. Echar después el azafrán (tras haberlo disuelto en medio vaso de agua caliente), un poco de parmesano y mezclar con cuidado. Servir esta coliflor con una fina pero abundante capa de perejil picado.

Dulces y postres

Cortezas de naranja confitada

Preparación: 25'   Dificultad: media

Para 4 personas:
6 naranjas, 300 g de azúcar

Lavar las naranjas y pelarlas. Quitar la parte blanca a la piel y cortar la corteza en tiritas; echarlas en un recipiente con agua fría y dejarlas en remojo durante 48 horas, cambiando a menudo el agua de maceración. Pasado este tiempo, escaldar las tiras en agua hirviendo y dejarlas cocer durante 20 minutos; escurrir y secar. Pesar la corteza y preparar el mismo peso de azúcar; echar este en una cazuela con un poco de agua y disolverlo a fuego lento. Verter las cortezas de naranja sobre el almíbar obtenido y remover durante unos minutos, de modo que las tiras se impregnen de almíbar. Apagar el fuego, dejar que se enfríen y distribuirlas bien en una bandeja recubierta de papel sulfurizado de horno. Secarlas en el horno (a una temperatura de 100-120 °C como máximo) durante unos 10 minutos sin dejar que se tuesten ni que se deformen.

Espuma de yogur y fresas

Preparación: 15'   Dificultad: media

Para 4 personas:
250 g de yogur, 250 g de fresones aplastados, 50 g de azúcar glas, 3 hojas de gelatina*, 150 g de nata montada, fresones o fresas como guarnición*

Machacar los fresones, añadir el yogur y el azúcar glas. Montar la nata y agregarla con cuidado a la mezcla. Disolver la gelatina en un poco de agua templada tras haberla tenido en remojo en agua tibia y mezclarla con el resto; remover bien y llenar cuatro moldes. Poner a enfriar durante 5 horas. Desmoldar las espumas y servir en platitos adornados con fresones enteros.

Crema de arándanos a la nata

Preparación: 50'   Dificultad: fácil

Para 4 personas:
600 g de arándanos, 300 g de nata para montar,
30 g de azúcar glas

Pelar y lavar los arándanos. Reservar parte (1/2 vaso) y poner el resto en una cazuela con 250 ml de agua. Llevar a ebullición y, cuando los arándanos se rompan, pasarlos por un colador fino. Verter el puré de arándanos en un recipiente y dejar en el frigorífico 24 horas. Montar la nata y añadirle el azúcar glas. Dividir el puré de arándanos en cuatro porciones y adornar con la nata montada y con los arándanos enteros que estaban reservados.

Galletas de almendra

Preparación: 45'   Dificultad: media

Para 4 personas:
300 g de azúcar, 300 g de harina de almendras,
100 g de almendras picadas, 3 claras de huevo, 1 cucharada de maicena,*
zumo de limón, azúcar glas, sal*

Echar a las claras un pellizco de sal y unas gotas de zumo de limón. Montarlas, batiendo primero despacio y después enérgicamente para que adquieran consistencia. Agregar las almendras, la harina de almendras, el azúcar y la maicena y remover bien con una cuchara de madera hasta obtener una mezcla homogénea. Recubrir una bandeja de horno con papel sulfurizado y distribuir pequeñas porciones de masa cubiertas de azúcar glas; dejar que se sequen durante 4 horas y después hornearlas 15 minutos a 80-100 °C. Cuando termine la cocción, las galletas deben estar tiernas y quebradizas. Se pueden conservar en una caja metálica cerrada, separándolas con una hoja de papel parafinado.

Melocotones con galletas de almendra y chocolate

Preparación: 25' Dificultad: fácil

Para 4 personas:
6 melocotones amarillos,
24 galletas de almendra,
*azúcar, cacao amargo en polvo**, mantequilla*

Lavar los melocotones y, retirando el hueso, cortar por la mitad. Pinchar la piel de la fruta con un tenedor y colocarla (con la parte de pulpa sin piel hacia arriba) en una cazuela de bordes bajos. Espolvorear cada melocotón con un poco de azúcar y un poco de cacao y colocar dos galletas de almendra sobre cada mitad de la fruta en el lugar donde estaba el hueso. Dejar caer unas cuantas virutas de mantequilla en el fondo de la cazuela, echar un poco de agua y cocer unos 20 minutos.

Tiramisú

Preparación: 20' Dificultad: fácil

Para 8 personas:
2 bases de bizcocho,
*150 g de cacao amargo en polvo**,*
250 g de mascarpone, 4 huevos,
130 g de azúcar, 200 ml de café, 20 ml de coñac

Batir en un cuenco el azúcar y las yemas de huevo; añadirles las claras montadas a punto de nieve y el mascarpone. En otro recipiente, mezclar el café y el coñac; poner en una bandeja de repostería la primera base de pan de España y bañarla con el café, extender por encima la crema de mascarpone y espolvorear con cacao. Recubrir con la segunda base del bizcocho, bañarla con el café restante, extender el mascarpone y espolvorear el cacao. Mantener 5 horas en el frigorífico antes de servir.

Strudel de manzana y canela

Preparación: 55' Dificultad: media

Para la masa:

50 ml de agua, 30 g de azúcar, 20 ml de aceite de girasol,
10 g de corteza de limón, 10 g de levadura*, 10 g de harina de maíz*,
10 g de miel de acacia, sal

Para el relleno:

400 g de manzanas, 80 g de pasas, 40 g de copos de mijo*, 30 g de piñones,
30 g de miel, 2 g de vainilla, 10 g de corteza de limón,
5 g de canela en polvo

Para conseguir una buena masa, echar en un cuenco el aceite, el azúcar y el agua, y mezclar. Una vez conseguido esto, añadir la corteza de limón, la levadura y la sal y mezclar muy bien, hasta que todos los ingredientes se hayan mezclado uniformemente. Añadir, por último, la harina y remover hasta obtener una masa blanda y homogénea en la que todos los ingredientes hayan quedado debida y convenientemente mezclados, es decir: sin grumos ni otras imperfecciones. Dejar reposar 10 minutos en un lugar cálido. Para el relleno, echar en un cuenco grande las manzanas peladas y cortadas en rodajas, los piñones, la miel, la corteza de limón, la canela, la vainilla en polvo y los copos de mijo y mezclarlo todo concienzudamente para evitar la aparición (al igual que ocurría con la masa) de abultamientos o grumos. Seguidamente, extender lo más fino que se pueda la pasta con ayuda de un rodillo, verter en ella el relleno, pintar los bordes con agua y enrollarla cerrando con cuidado los bordes externos (para evitar que el relleno se salga durante la cocción). Poner el *strudel* en una bandeja de horno engrasada y cocerlo durante 25 minutos a 170 °C. Sacar del horno, pintarlo con miel diluida y hornearlo otros 5 minutos más.

Manjar blanco

Preparación: 20'   Dificultad: fácil

Para 6 personas:

1 litro de leche, 80 g de maicena, 80 g de azúcar*

Poner a hervir en una cazuela 900 ml de leche y, mientras tanto, disolver la maicena y el azúcar en los 100 ml de leche restantes. Cuando la leche hierva, añadir la mezcla que se acaba de preparar y remover mientras todo cuece a fuego lento durante 3 minutos. Una vez que vuelva a hervir, apagar el fuego y dejar que la mezcla se temple. Después, verterla en un molde de horno y meterla en el frigorífico unas horas. Antes de servir, desmoldar y adornar el manjar blanco con lo que se prefiera(frutos secos, mermelada, cacao...*).

Bunet

Preparación: 1 h Dificultad: media

Para 8 personas:

750 ml de leche, 5 huevos,
8 cucharadas de azúcar, 2 galletas de almendra,
1 cucharadita de cacao amargo, 1 corteza de limón*

Poner a hervir la leche con la corteza de limón. Mezclar los huevos con el azúcar añadiendo una cucharadita de cacao, las galletas de almendra machacadas y la leche templada. Coger un molde de rosca, echar un poco de azúcar y caramelizarlo; después, verter la leche con los otros ingredientes. Llenar de agua una bandeja grande de horno y colocarla en el horno con el molde dentro. Cocer durante 45 minutos en el horno precalentado a 180 °C. Espere a que el *bunet* se enfríe antes de desmoldarlo sobre la bandeja de servir.

Crème caramel

Preparación: 1 h Dificultad: fácil

Para 6 personas:

6 huevos, 1 litro de leche, 300 g de azúcar, 1 limón

Poner a hervir a fuego lento la leche con la corteza del limón y dejar que se reduzca; retirarla del fuego y dejar que se temple. Mientras tanto, batir bien los huevos con 100 g de azúcar; añadir la leche y mezclar. Caramelizar, con 200 g de azúcar y una cucharada de zumo del limón, un molde de horno, girándolo en todas direcciones para que la caramelización se distribuya por toda la superficie. Verter el preparado en el molde y ponerlo al baño maría, con agua ya caliente, en el horno a 180 °C durante 25 minutos. Para determinar el punto de cocción, pinche la parte central de la *crème caramel* con una brocheta metálica pequeña.

Torta de castañas

Preparación: 50' Dificultad: fácil

Para 8 personas:

1 kg de harina de castañas, 2 l de leche, 120 g de azúcar, 100 g de pasas, 200 g de piñones, 4 hojas de laurel, mantequilla, 2 cucharadas de aceite de oliva virgen extra, sal

Mezclar en un cuenco la harina de castañas con la leche, el azúcar, el aceite, la mitad de los piñones, las pasas remojadas y el laurel. Verter el compuesto en una bandeja engrasada con mantequilla y hornear 30 minutos a 180 °C. Sacar la torta del horno, dejar caer sobre su superficie los piñones restantes y meterla en el horno de nuevo a 160 °C durante 20 minutos. Puede servirse fría o caliente.

Tarta de manzana

Preparación: 45'   Dificultad: media

Para 8 personas

Para la pasta:

250 g de harina integral sin gluten, 200 g de mantequilla, 100 g de azúcar, 8 cucharadas de agua, sal*

Para el relleno:

750 g de manzanas, 100 g de pasas, 175 g de azúcar moreno, 1 cucharadita de canela en polvo, 1 cucharadita de nuez moscada, el zumo y la cáscara rallada de 1/2 limón, leche y azúcar para barnizar la superficie

Pelar y trocear las manzanas en rodajas no demasiado gruesas y cocerlas. Para comenzar a hacer la base de la tarta, echar la harina en un cuenco con un pellizco de sal y agregar el azúcar y la mantequilla dividida en trozos; trabajar los ingredientes con los dedos para obtener una masa de textura arenosa, e ir añadiendo el agua poco a poco hasta lograr una pasta blanda pero compacta. Seguir trabajando con las manos hasta formar una bola lisa; una vez conseguida, dejarla reposar 30 minutos en el frigorífico, envuelta en papel de aluminio. Transcurrido este tiempo, dividirla en dos mitades, extender una de ellas con el rodillo y recubrir, con la lámina resultante, una bandeja de horno, engrasada y enharinada, de unos 20 cm de diámetro. Ir colocando las rodajas de manzana en ella y añadirles las pasas, la canela, la nuez moscada y el azúcar moreno. Estirar la otra parte de la masa con el rodillo y cubrir la tarta con él. Pintar la superficie con leche y espolvorearla de azúcar. Hornear, calentando previamente el horno a 200 °C, durante 15 minutos.

Tarta de chocolate

Preparación: 50'   Dificultad: fácil

Para 8 personas:
200 g de mantequilla,
*350 g de harina sin gluten**, 100 g de azúcar,*
*200 g de chocolate**, 5 huevos,*
*1/2 sobre de levadura para repostería**, sal*

Fundir la mantequilla, y echarla fundida y tibia en la batidora junto con la harina, el azúcar, la levadura, un pellizco de sal y los huevos. Batir todo a la máxima velocidad hasta obtener una mezcla homogénea. Trocear el chocolate, añadir y continuar batiendo. Engrasar y enharinar un molde de horno, verter en él la mezcla batida y hornear durante 40 minutos en un horno precalentado a 180 °C. Una vez terminada la cocción, abrir el horno y dejar que la tarta se enfríe dentro, según vaya perdiendo calor el electrodoméstico.

Tarta de requesón

Preparación: 40'   Dificultad: fácil

Para 6 personas:
500 g de requesón, 200 g de azúcar, 100 g de pasas,
*100 g de chocolate para fundir**, canela en polvo, ron,*
2 yemas y 3 claras de huevo

Batir las yemas de huevo con el azúcar. Montar a punto de nieve las claras. En un cuenco, echar el requesón y añadir la crema de huevo, el azúcar, las pasas (previamente remojadas en ron), la canela y las claras montadas, mezclando con cuidado de abajo arriba. Engrasar y enharinar un molde de horno y verter en él la masa; cocer en el horno precalentado durante 25 minutos a 170 °C, vigilando que la tarta quede bien cuajada.

Pastelitos de chocolate blanco

Preparación: 45' Dificultad: media

Para 4 personas:

12 magdalenas sin gluten,
300 g de chocolate blanco sin gluten,
6 huevos, 150 g de mantequilla,
200 ml de leche,
100 g de azúcar,
mermelada

Separar las yemas de las claras, poner las yemas en un cazo y añadir, poco a poco, 150 ml de leche sin dejar de batir. A continuación, agregar el azúcar y calentar la mezcla a fuego lento, sin dejar de remover, hasta que el azúcar se disuelva por completo. Retirar del fuego y reservar. Aparte, batir las claras a punto de nieve e, igualmente, reservar. Seguidamente, remover la mantequilla con un tenedor hasta que alcance una textura cremosa y, una vez conseguida, incorporar el chocolate troceado y seguir removiendo. Calentar la mezcla al baño maría hasta que el chocolate se derrita por completo y ligar bien para que los dos ingredientes sean un único compuesto. Dejarlo enfriar a temperatura ambiente. A continuación, pasar la mezcla anterior (yemas, azúcar y leche) a un cuenco grande, incorporar el resultado de fundir el chocolate y la mantequilla y remover con cuidado. Añadir también las claras a punto de nieve que había reservado con anterioridad, cucharada a cucharada, y mezclar con movimientos envolventes hasta conseguir una crema uniforme. Bañar las magdalenas con el resto de la leche, eliminar el exceso de líquido y disponerlas en la base de moldes refractarios individuales. Repartir por encima la crema y hornear a 150 °C durante 20 minutos. Una vez pasado este tiempo, retirar del horno y reservar a temperatura ambiente durante 2 horas. Decorar con mermelada al gusto antes de servir.

Cuajada con frutos secos caramelizados

Preparación: 50'   Dificultad: fácil

Para 4 personas:

*4 láminas de gelatina neutra, 25 g de nueces picadas**,
*25 g de avellanas sin gluten**, *25 g de almendras picadas**,
500 ml de leche, 4 cucharadas de agua,
100 g de azúcar

En un cuenco, hidratar las láminas de gelatina en agua fría. Aparte, calentar en una sartén antiadherente a fuego medio el azúcar junto con las 4 cucharadas de agua. Seguidamente, añadir los frutos secos sin dejar de remover hasta que se forme un caramelo. Verter el caramelo sobre papel de aluminio y dejar enfriar a temperatura ambiente. Retirar el papel de aluminio, triturar la mitad del caramelo con los frutos secos y, en un cazo, mezclarlo con la leche. Incorporar la gelatina hidratada y escurrida, remover bien y poner a calentar. Una vez alcance el punto de ebullición, retirar el cazo del fuego. Repartir la mezcla en cuencos individuales y reservar a temperatura ambiente hasta que se enfríe. Una vez frías las cuajadas, guardar en la nevera durante 2 horas. Finalmente, decorar con el resto del caramelo, previamente troceado, y servir las cuajadas bien frías.

Ideas para menús

MENÚ PARA CARNÍVOROS

Espuma de jamón

Pastel de crepes con verduras y jamón

Rollitos de carpaccio con beicon

Manjar blanco

MENÚ DE PLAYA Y MAR

Pinchos de gambas y piña

Crepes de marisco

Truchas al horno con patatas

Espuma de yogur y fresas

MENÚ VEGETARIANO

Fritada de habas al yogur griego

Tortilla de patata al romero

Alcachofas marinadas

Strudel de manzana y canela

MENÚ OTOÑAL

Coles de Bruselas rellenas

Rosbif

Coliflor en amarillo

Torta de castañas

MENÚ INVERNAL

Croquetas de patatas y queso
Risotto de achicoria
Albóndigas a la italiana
Tiramisú

MENÚ PRIMAVERAL

Aceitunas al gusto
Ñoquis de calabaza con espinacas
Pollo al aceto
Tarta de manzana

MENÚ ESTIVAL

Tomates rellenos
Gratinado de arroz con tomates y calabacines
Pavo con moras
Crema de arándanos a la nata

Índice de las recetas divididas por categorías

Bibliografía

- Grande Covián, F.: *Alimentación y nutrición.* Salvat, 1984.

- Guyton, A. C.: *Tratado de fisiología médica.* Editorial Interamericana, 1996.

- Llanos, A., Villegas, R.: *Diagnóstico no invasivo de la enfermedad celíaca.* Sevilla: Agencia de Evaluación de Tecnologías Sanitarias de Andalucía, 2006. Informe 7/2006. http://www.juntadeandalucia.es/salud/ AETSA.

- Polanco, I.: *Enfermedad celíaca: Un reto diagnóstico.* Madrid. Alpe Editores, 2005.

- Polanco, I., Roldán, B., Arranz, M.: Documento técnico: *Protocolo de prevención secundaria de la enfermedad celíaca.* Dirección General Salud Pública y Alimentación. Madrid. 2006.

- Vergara, J.: *Enfermedad celíaca. Guías clínicas.* Diciembre 2004. [Disponible en: http://www.fisterra.com/guias2/celíaca.asp]

***

- Diario oficial de la Unión Europea. Reglamento (CE) n.º 41/2009 de la Comisión de 20 de Enero de 2009 sobre la composición y etiquetados de productos alimenticios apropiados para personas con intolerancia al gluten. Enero de 2009.

- Federación de Asociaciones de Celíacos de España: *Simbología de los productos.* Junio de 2008. [Disponible en: http://www.celiacos.org/simbologia_productos.php]

- Ministerio de Sanidad y Consumo: *Diagnóstico precoz de la enfermedad celíaca.* Enero de 2008. [Disponible en: http://www.msc.es/profesionales/prestacionesSanitarias/publicaciones/Celiaquia/enfermedadCelíaca.pdf]

Recursos de internet

- http://www.msps.es/profesionales/prestacionesSanitarias/publicaciones/Celiaquia/enfermedadCelíaca.pdf

- http://www.celiacosmadrid.org/la_enfermedad_celíaca_ec.html

- http://digestive.niddk.nih.gov/spanish/pubs/dictionary/index.aspx

- http://www.celiacos.org/

- http://www.elchef.info/2010/10/

- http://www.msps.es/profesionales/prestacionesSanitarias/publicaciones/Celiaquia/enfermedadCelíaca.pdf

- http://www.infoceliaquia.org/restaurantes/

- http://www.msps.es/profesionales/prestacionesSanitarias/publicaciones/DiagnosticoCelíaca.htm